NONFICTION
論創ノンフィクション
045

二丁目からウロコ

新宿ゲイ街スクラップブック

［増補改訂版］

隆史

論創社

はじめに

この本を一冊読めば新宿二丁目のことはすべてわかる！　なんてことは、まぁ当然だけど、あり得ない。

新宿二丁目はそんなに単純な街じゃない。大げさに言うと、一〇人が二丁目に関われば一〇通りの二丁目像ができあがるということだ。

この本に書かれているのは、二丁目ととってもよい関係を持てて、二丁目から人生における大切なものをたくさんもらえた人間が見た二丁目像だ。

だから、二丁目に行ったことのある人の中には、自分の思っている二丁目とずいぶん違うなと感じる場合もあると思う。

ようするに、二丁目はその人の見方次第でずいぶん違った姿を現す街なのだ。それは、ある意味で鏡の役目も果たしてくれる。だからみんな一度は二丁目にやってきて、自分なりの二丁目を見てほしい（特にゲイとかレズビアンの人たちには！）。それが僕の一番言いたいことだ。

だけど、今世間に流れている二丁目のイメージはそんなに肯定的なものではない。それも二丁目をよく知らない人たちの頭の中で作り上げられたイメージがほとんどだ。

こんなイメージに縛られた先入観を持たされてしまえば、この街を本当に必要としている人だって来てみようという気さえ起こらない。

それに、なんとかたどり着いたとしても、そういう先入観から自由になれない状態でこの街を見ると、植え付けられたイメージ通りにしか見えない可能性も大きい。

僕がこの本を書こうと思ったのは、世間に流れているイメージに縛られてこの街を毛嫌いしている人に、へぇ、そんな部分もあるんだと、ちょっと視点を変えて見直してもらえるようにしたかったからだし、何度か遊びに来ているものの二丁目に対する嫌悪感がぬぐえない人に、あぁそうか、そんなふうに考えればここは結構いい街じゃないかと考え直してもらえるチャンスを提供したかったからだ。

そんなワケで、ここには観光ガイドのように、どこそこに行けばこんなにおもしろいものが見られるとか、こういうことが起こったらこう対処しろとかいう情報は、まったくと言っていいほど書かれていない（そういうことは自分の目と足とお金を使って、自分で体験してほしいの。だってそれこそが二丁目の醍醐味というものなんだから）。

ここには、二丁目を愛している一人の人間が二丁目をどう見てきたか、どうして愛せるようになったのか、そして二丁目にやってくる人々とその行動をどうとらえているかが綴ってある。

もしこの本が、あなたの二丁目に対するイメージを少しでもポジティブな方向に動かせたら、僕は実に本望です。

――するとたちどころに、サウロの目から、
うろこのようなものが落ちて、
元どおり見えるようになった。――

新約聖書「使徒行伝」9・18

第1章　二丁目めぐりをする前に

1　水族館の回遊魚みたいに

新宿二丁目は世界一のゲイタウンだ。

世界のゲイ情報に詳しい人なら、ちょっと意外に思うかもしれない。グリニッチヴィレッジとかカストロ・ストリートあたりとか、シドニーとかが世界一じゃないの？って。

僕も初めて聞いた時にはピンとこなかった。ここの新宿二丁目には夜の賑わいはあっても、ゲイの日常的な生活があるわけじゃなし、ゲイのコミュニティがしっかりしているわけでもないし……。これで世界一？なんか淋しいものがあるなって。

じつは世界一というのはゲイバーの数なのだ。その数は二〇〇を超えると言われている。と言われているなんて無責任な言い方をするのは、統計がないのであくまで推計でしかないからだ。別に営業許可をもらう時にゲイバーとして申請するわけではないので、公式の記録はない。

この数に関する話題は、あちこちのゲイバーでも耳にするのだけど、そういうときによく言われるのが二〇〇軒という数字だ。ま、人によっては四〇〇軒はあるなんて言い切る人もいる。二〇〇軒と言われればそんな気もするし、四〇〇軒と言われればそのぐらいあるかもしれないと思ったりもする。だいたい誰も実際に数えたことなどないのだ。看板にゲイバーマークでもあるのならそれも可能だが、こればっかりは外からでは知るすべもない。

一つの目安になるのが『全国男街マップ』という本だ。この本は日本全国にあるゲイバーのガイドブックで、各地のゲイバーの住所や電話番号、どんな店でどういう客筋かなどの情報を地図付きで紹介している。毎年データを更新しながら出版されているので、ゲイには重宝がられている本だ。その『全国男街マップ』の中の新宿のコーナーには、一六〇軒ほどの店が紹介されている。だいたい知っている店は網羅されているから、これは一つの目安にはなりそうだ。そして、中には僕の知っている店でも載っていないのもあるから、二〇〇軒というのはけっこう妥当な線ではないかと思う。で、二〇〇という数字を採用することにした。

狭い地域に二〇〇軒を超えるゲイバーが軒を連ね、週末ともなれば何千人ものゲイが集まる、ということになれば、これは世界でも類を見ない大規模なゲイの街だ。

この何千人というのも推定だけどネ。一軒に五人ずつ客がいても、それだけで一〇〇〇人にはなるのだから、どの店も混雑する週末なら何千人と考えてもおかしくないでしょ?とにかくゲイに関しては統計的なものが皆無だから、何を語ろうとしても大変なのだ。

東京には他にも上野とか浅草、新橋や渋谷と、ゲイバーが集まっている街もあるし、日本の大都市にならだいたいそういったゲイバー街があるけど、これほどの数のゲイバーが集約的かつ高密度

に存在する街はない。ニューヨークやサンフランシスコでも二〇〇軒もゲイバーがあるなんて聞いたことない。ここでは気持ちよく胸をはって世界一を誇ることにしよう。

この世界一の新宿二丁目には三つほど大きな特徴がある。と言っても、これは新宿二丁目に限らず日本全国のゲイバーに共通して言えることでもあるんだけど……。

一つ目の特徴は、一軒一軒の規模が非常に小さいということだ。五〇人を超す客が入れるような店もいくつかあるけど、基本的には客席数が二〇人未満の店がほとんどだ。僕がやっている店などはカウンターだけで、一〇人も座ったらいっぱいだ。

僕の店は、道路に面した看板にピンクトライアングル（ゲイのシンボルマーク）をデザインしてあるので、よくアメリカあたりから来たゲイの観光客が「お、ここはゲイバーに違いない」と入ってくることがある。入ってくるなり、たいてい彼らは目をまん丸くして叫ぶ。「イザット－?・」。これで全部なの?というわけだ。中には、「これはウェイティング・ルームですか」と真顔で聞いてきた人もいた。一〇〇人も二〇〇人も収容できるアメリカのゲイバーに慣れた彼らはカルチャーショックを受けるらしい。こういう客には特別なもてなしをしなくても、土産話にかっこうのネタを提供したことになるのだ。

でも二丁目には、うちより小さい店は何軒もある。三畳ほどの空間に七席ほどのカウンター、トイレまでちゃんと付いているような店さえある。こういった店で飲んでると、これで上下に動けばエレベーターだよなという気分にはなるが……。こういったドールハウスのようなバーでも飲めるのが、二丁目の楽しさの一つとも言える。

マスターが一人でやっていたり、ほかに一人か二人カワイイ子を雇うといった程度の規模での営業が多いので、サイズ的にそのくらいが適当なのだろう。ということは、個人の資本力で店を始められる規模だということを意味する。盛大な結婚式ができるくらいの預金があれば自分の店が持ててしまうのも二丁目だ（まぁ物件が見つかればだが）。だからこそ二〇〇軒にも増えてこれたのだ。

また個人の力で店をやれるので、店のありようがマスター個人の趣味なり価値観に沿ったかたちで展開される。それが二〇〇軒以上もありながら、それぞれに個性を持った多様な店が軒を連ねている要因にもなっているのだ。それはそのまま新宿二丁目全体の集客力につながっている。

「多様性こそ我々の力だ」というアメリカのゲイリブの標語があるが、これは実に真実だと思う。

二つ目の特徴は、料金が安く設定されていることだ。二丁目なら女装バーでもない限り、水割り一杯飲んだだけなら一〇〇〇円から一五〇〇円くらいで済むはずだ。ソフトドリンク一杯で帰れば、いまだに六〇〇円しか取らないバーさえある。女の子が接待するようなノンケ（異性愛者ってことよ！）の店から考えたら夢のような値段設定だ。店の小ささにはアメリカ人が驚くが、値段の安さにはノンケが驚く。この料金の安さが二丁目に幅広い客層がやって来れる要因の一つにもなっている。

三つ目は、客がお気に入りの店を何軒も次から次へと回ることだ。多くの客が一晩に三〜四軒をはしごする。今夜こそ相手を見つけるぞと気合いの入った人なら一〇軒以上も回る場合だってある。

基本的に客の多くは「誰かいい人と巡り合いたいナ」と思って二丁目にやって来るから、お目当てのまったくいないような店にグズグズしていては、ほかの店にいるかもしれない大きな獲物を逃してしまいそうで、お尻が落ち着かないのだ。それほどおもしろい話題が交わされていなければ、一〜二杯飲んで早々に次の店を目指すことになる。

なにも色気ばかりで移動していくわけではない。いろいろなタイプの店があるから、その日の気分に合わせて自分なりのお好みコースを設定して遊ぶことができるのだ。

まずは友だちの多いAに寄っておネェを発散、それからBでカラオケした後、Cでちょっと知的な会話を楽しんだら、Dに寄って体育会系の男の子たちの身体を見て目の保養、最後は、昔寝たことのあるマスターのやってるEに久しぶりに行ってみよう。ま、こんな具合だ。

こんなプランでも、料金が安いから一万円以内に収めるようにすることも可能だ。

これを終電までの四時間でこなそうとすれば、かなりのハードスケジュールになり悠長には回っていられない。いきおい二丁目は回転が速くなる。

こうして週末ともなれば何千人ものゲイが二丁目という小さな水槽をグルグルと回遊することになるのだ。

そういえば、初めて葛西臨海水族館でマグロの水槽を見た時、僕は二丁目を思い出した。マグロって泳ぐの止めると死んじゃうんだってネ!

戦後まもなくゲイバー遊びを始めた大先輩諸氏のお話では、銀座の店がおもしろくないと浅草に行ったり、またそこから新宿に行ったりと、当時は店が点在していたから、いちいちタクシーでの移動で大変だったそうだ。回遊の習性は今に始まったことではないのネ。

歩いて回れるほどの狭い地域にバラエティに富んだ店がたくさんあるから、客は効率よく回遊できる。客がどんどん流れて回転してくれるから、小さな店でも安い料金での経営が成り立つ。新宿二丁目が世界一のゲイタウンとして、これほどの規模で成り立っているのには、こうしたいくつかの要因が相互に補完し合って機能しているからなのだ。

ゲイたちの様々な思いを乗せて走るヴィークルである新宿二丁目はオーガニックにバランスがとれていて、雑駁な街の外観とはうらはらにその姿は、僕には美しく映る。

ホホ、ちょっと気取ってしまった！

2 売春防止法をきっかけに

新宿二丁目は本当に小さい街だ。

二丁目が小さい街のおかげで、僕たちゲイは効率よく回遊しながら楽しい時間（ま、人によっては切なく辛い時間）を過ごすことができる。

町名で言うところの新宿二丁目は、南北を新宿御苑と靖国通りにはさまれ、西は御苑大通り、東を名前はわからないけど、二丁目のママさん連中御用達、24時間営業のスーパー丸正の前を通る道にはさまれた、一辺三〇〇メートルくらいのほぼ正方形をした区間を言う。

その正方形から、新宿御苑と新宿通りにはさまれた長方形の部分と、太宗寺と成覚寺という寺の広い敷地を抜いた残りが、ゲイの街である「二丁目」と呼ばれているところだ。

そこに三丁目と五丁目に数軒あるゲイバーを足したものが、世界一のゲイタウン「二丁目」の全体となる。こんなにややこしい文章ではわかりにくいだろうから、興味のある人は地図を見てくだ

さい。

数軒しかないのに三丁目と五丁目にもこだわったのは、じつは僕の店が三丁目にあるからだ。僕の店は三丁目と二丁目を分ける御苑大通り沿いにある。

うちで飲んでる客は、いよいよ二丁目回遊に出かける時に「川を渡る」という表現を使う。だから二丁目から見れば、僕の店はまさに「川向こう」の存在なのだ。僕は二丁目文化の片棒の片棒くらいは担いでいる気分なのに、たまに二丁目の店の人に「あら、あんたは三丁目でしょ」なんて言われると、このだだっ広い御苑大通りが五倍くらいの幅に思えてしまう。

行政区画としての新宿二丁目といわゆる「二丁目」とは少しズレて存在していることをあえて強調するのは、僕の店のアイデンティティに関わることなのだ（少し大げさかな?・）。

とにかく、三丁目や五丁目を含むにしろ含まないにしろ、「二丁目」が効率よく回遊できる街であるのには変わりはない。こんなにゲイに都合のよいかたちで、この街ができあがったのには理由がある。

それは、この新宿二丁目が一九五八年四月に売春防止法が完全施行されるまで赤線地帯と呼ばれる歓楽街だったからだ。

辞典で「赤線地帯」を引くと、「売春が公認されていた地域」とか「売春を目的とした特殊飲食店が集まっていた地域」とか載っている。一九五八年といえば僕が小学校三年の頃だから、行ったこともなければ見たこともない。かろうじて溝口健二の映画「赤線地帯」をビデオで見たので、なんとなくその雰囲気を想像できるくらいだ。ま、早い話がノンケ向けの売り専が立ち並んでいた街だったのよネ。

話によると、二丁目には一階が飲み屋で、二階の和室で下で選んだ女の子とセックスできるような構造の店が軒を連ねていたようだ。こういう飲み屋のことを法律用語で、特殊飲食店と言ったらしい。手元の資料によると、新宿二丁目には一九五六年一月現在で特殊飲食店七五軒、女の子が五〇〇人いたとある。料金は、泊りが一五〇〇〇円、ショート六～七〇〇〇円。明け方の三時からはめしと味噌汁付きと書いてある。めしと味噌汁付きというのが、どこかノドカだよネ。

こういった場所を赤線と呼んだのは「売春が公認されていた地域」が警察の地図には赤い線で表示されていたという単純な理由からだ。これに対して、正式な届けを出さずに営業をしていた店の集まる地域は青い線で表示されていたので、青線地帯と呼ばれていたそうだ。ちなみに、新宿二丁目と並んでユニークな飲み屋街として有名なゴールデン街は、花園神社の裏手にあった青線地帯を前身としている。

そのゴールデン街もバブル時代の土地転がしのおかげでズタズタにされてしまい、今や瀕死の状態だ。時代の津波が襲ったのだ。

戦後の混乱した時代から復興期にかけて大きく育ち、隆盛をきわめた新宿二丁目の赤線地帯も、売春防止法の施行という時代の波の直撃を受けて、息の根を止められてしまった。

新宿二丁目では廃業を余儀なくされた特殊飲食店は次々に店をたたんでいったのだが、その後継者としてゲイバーは成功を収めた唯一の産業だった。

当時は「新宿二丁目イコール赤線」と言うほど赤線のイメージが強く、売春防止法施行以後も、

そのイメージを嫌ってほかの産業が入ってきにくかったこと。結果として、家賃が非常に安かったこと。もともと小さな飲食店が多かったので、営業形態の似ているゲイバーが取って代わりやすかったこと。これらの条件はすべて、ゲイバー街として発展する重要なファクターとなった。新宿駅からさほど遠くない地の利のよいところなのに、悪いイメージゆえにノンケが集まりにくいのは、人目を避けたいゲイには好都合だったし、また空いている店舗が小さく、家賃が安いので、個人が賄える資本で充分店が持てた。これは数多くのバラエティに富んだゲイバーが集まることを可能にした。

回遊の文化を持つゲイにとっては、店が多いことは大きな魅力だ。店が集まってくれれば、客が増える。客が集まるから、店はもっと増える。売春防止法施行以前からあった何軒かのゲイバーが核となり、この真空地帯に吸い寄せられるようにゲイバーは増えていった。

ノンケにとってマイナスだった元赤線地帯の要因は、ゲイバー産業にはすべてがプラスに働いたのだ。こうやって、ノンケは少数派に転落し、一種のゲイの解放区が作り出されていった。

僕が二丁目にデビューしたのは一九六九年頃だったが、その時には、すでに現在の規模に近いゲイの街になっていたから、たった一〇年くらいの間に急速に発展してきたことになる。

思い返してみると、その頃にはまだ二丁目のあちこちに赤線地帯時代の名残りを留める建物が残っていた。薄汚れた二階建ての壁面をよく見ると、細部に凝ったタイル貼りの装飾が施されていたり、二階に楕円形の窓が付いていたりと妙に洒落た感じの建物が、昔の赤線華やかなりし頃の香りを放っていたのを思い出す。

それに、いくつかヌードスタジオも残っていたし、立ちんぼの女の人もいたから、まだノンケ向けのセックス産業もかろうじて生き残っていたのだろう。

そんな街のあり様も今では、昔の建物はビルに建て替えられ、夜の女の姿も見えなくなり、赤線時代の面影を残すものはほとんど消えてしまった。

かくして世界一のゲイタウンはできあがった。今では「二丁目」と言えばゲイの集まる場所だとノンケだって知っている。ここを舞台にしたドキュメンタリーやテレビドラマさえ作られ、ゲイが生きにくい、地方の小都市のブラウン管にも新宿二丁目の姿が映し出される。

週末ともなれば、夜の二丁目の道路はゲイで溢れかえる。ほかの場所では許されないゲイとしての自己主張を、ここでは他人の目をはばかることなくアピールできるのだ。日頃のウップンを晴らすかのように、これみよがしに声高におネェ言葉を交わしながらはしゃぎ回る若い子たちが大挙して、この街にやって来る。

ここはゲイが主役をとれる数少ない街のひとつだ。狭いとはいえ、一つのブロック全体で主役気分でいられる街は、日本ではここだけだろう。たとえ、それが夜だけのことだとしても……。

この街に入ってくると、ホッとするゲイは僕だけではないはずだ。

新宿二丁目が赤線地帯だったがゆえに、僕たちゲイは今日の二丁目を手に入れられたのだ。僕たちが主役になれたその裏には、前の時代の主役が様々な思いを胸に、この街を去らねばならなかった歴史があったことを、ゲイは心のどこかに留めておいてもいいのではないだろうか。

当時の赤線地帯の頃を回顧した文章を読むと、「新宿二丁目」ということばに当時のノンケがいかに独特の響きを感じていたかが伝わってくる。それは今のゲイにとっての、「二丁目」ということばが持つ語感と同質のものだったようだ。単に場所を表しているだけでなく、一瞬にしてすべてを思い出させるような「匂い」にも似た、特別の働きをすることばだ。そんなことばが散りばめられた文章には、一九五八年をもって新宿二丁目は幕を閉じたと感傷的に書いてあるものが多い。

しかし、何かのおわりは何かの始まり。じつは、その年こそ世界一のゲイタウンの幕開けの年という、僕たちにとっては記念すべき年だったのだ。

この法律が施行された四月一日（エイプリルフールよね）には、ゲイは毎年、太宗寺のお地蔵さんに手を合わせに行ってもいいくらいだと思う。

3　二丁目にたどり着くまでに

二丁目の存在を知ったとたんに、喜び勇んで遊びに来るゲイもいるが、知ってからも、意識的にしろ無意識にしろ、実際にやって来るまでに時間がかかってしまうゲイも多い。

いくらゲイがたくさん集まっている場所があるとわかっても、未知の領域だけにどこか恐いのだ。高い料金をふっかけられてボラれてしまうんじゃないか。きっとウサン臭いところに違いない。セックスに溺れた人たちがたくさんいて、自分がボロボロにされてしまうんじゃないか。たちの悪い人間に後で脅されるんじゃないか。そんなところに行ったら、もう戻れなくなってしまうのではないか。

一度来てしまえば、なんのことはない。自分が期待（？）しすぎていただけだと気づくのだけど、知らないうちは悪い方へ悪い方へと想像力が勝手に動いてしまうのだ。

僕の店の客に聞いてみても、来るまではけっこう悪いイメージを持っていたというのが多い。今となっては、ゲイライフにどっぷり浸かって二丁目の主みたいな人までが、初めて来た時は、ゲイバーのドアを開けるまでに何度も躊躇してビルの周囲を歩き回ったなんていうから、気の弱い子なら推して知るべしだ。

ゲイがたった一人で、自分の欲望のありようを受け入れるのはむずかしい。同性愛に対する嫌悪感や罪悪感は多かれ少なかれゲイにはある。そういった感情が、どこかで吹き込まれた「享楽的に生きているゲイが群れている場所」というイメージの二丁目に近寄るのを躊躇させてしまうのだ。

でもいつかは彼らもこの街にやって来る。結局、いつまでもウジウジしていられないからだ。

その、二丁目へのアクセスの仕方は人によって違う。

もっとも多いのが、ゲイの友人や知り合いに連れてきてもらうというパターンだろう。

ハッテン映画館で知り合った人に連れてこられたなんていうのもよく聞くし、ゲイ雑誌の通信欄で知り合った人がガイド役になることも多い。最近では、ゲイのパソコン通信のオフラインパーティの二次会で流れてきたとか、ゲイリブ・グループのミーティングの帰りに誘われてとかいう、僕のデビュー時代にはありえなかったパターンも出てきた。

新宿二丁目のメインストリート、仲通りにルミエールというバラエティショップがある。ここは、ゲイ雑誌やゲイポルノビデオ、ポスターにグリーティングカード、ディルドからオチンチンのかたちをしたキャンディまで、ゲイ向けの様々な商品を売っている店だ。

ゲイ向けの店は外からあまり見えないようになっているものが多いのだが、この店はガラス張りで、ドアはいつも道路に向かって開かれており、店内の明るい光が前の歩道まで照らしている。その一角は仲通りのなかでもひときわ明るい。

その明るい光に吸い寄せられるように、いつも店の前は何人かの若い子たちがたむろしている。そうやってルミエールの前に立っている子たちのことを、誰が言い出したか「ルミ子」と二丁目では呼んでいる。ルミ子している理由は人によって違うだろうけど、みんなそれなりの出会いを期待しているようだ。

ルミエールの前はあまりに明るいので、道路を挟んで反対側の米屋の前に（ここはそんなに明るくない）たたずんでいる子たちもいるが、そのちょっと自信のなさをからかい気分を込めて「米子（ヨネコ）」と呼んだりもする。ちなみに、新宿二丁目には新宿公園という小さな公園があるのだが、そこにたむろってる子たちを「公子（キミコ）」と呼ぶ人もいる。お店なんかで働いていたら、当然ミセ子となる。

二丁目ではなんでも女の子名前にされてしまうのだ。これもささやかなゲイテイストかもネ。

僕の店の客で、地元の本屋でゲイ雑誌を買うのが嫌で、わざわざルミエールに買いに来ていたという人がいた。何年もルミエールに来ていたのに、ゲイバーには一度も入ったことがなかったそうだ。本を買った後、なにげにルミ子していたら声をかけられて、その人がゲイバーに連れていってくれたのが初体験（ゲイバーのよ）だったという話だ。

実際にこんなこともあるから、ルミ子するゲイもたくさんいるんでしょうネ。いまだに一人でゲイバー初体験するのを躊躇している人は、ルミ子しながらそのチャンスを待つというのも一つのアイデアかもしれない。お試しください。

でも、片やゲイ雑誌の情報を頼りに平気でゲイバーに飛び込んでくる中高生もいるというのに、もう一方では三〇近くにもなって、何年もルミエールにまで来ていながらゲイバーのドアを開けられない人もいるんだから、ゲイって一言で言ってもいろいろだ。

こんな具合に、二丁目にたどり着くまででも、こんなに差があるのだから、二丁目に何を求めて来るかも人によって千差万別だ。

僕の店の客の一人に「あなたって何を求めて二丁目に来てるの?」って聞いたら、彼はすかさず「男!」と答えた。続けて「みんなそうよ。なんのかんのとキレイぶったこと言っても、結局は男を求めてんのよ」と言い切ったので、その潔さに妙な感銘を受けたことがあったが、僕に言わせれば、それは極端すぎる考え方だ。

そうは言っても、ほかの答えをする人に「じゃ、男はまったく求めていないわけネ?」と聞き返せば、九割以上の人が「そりゃ男を求めてないわけじゃないよ」と答えるのも明らかだ。確かに、ほとんどの人がいろんな意味で「男」を求めて二丁目に来ている。

だけどそれだけではない。「男」を求める基盤の上に、何かその人らしい別のものが乗っかっているのだ。そして、そのプラスアルファが集まっているからこそ、二丁目がこれだけ多様でおもしろい街になっているのだと思う。

「男」を求めている人にしたって、ワンナイト・スタンドにしか興味のないのから、恋人、セックスのできる友だち、はたまた運命の人との出会いまで、「男」に望むものはみんな違う。セックスがしたいだけだと言ったって、相手を落すまでのゲームだけがおもしろい人から、失神するほどのめくるめく興奮を期待する人まで様々。

そこに、親友を求めている男の子やら、カラオケ歌って騒げる仲間との時間だけが欲しいのやら、自己を受け入れるセラピーを施してくれる導師を待ち望んでいる内向的なのやらが加わってくるのだ。いきおい、二丁目はスラップスティック・コメディの様相を呈する。

この二丁目をおもしろくさせている、人の様々な欲望や希望のありようがわからないと、この街にはなじめない。

二丁目に来たいと思うようになるのが第一のハードル、実際に二丁目にやって来るのが第二のハードルと、ここまではクリアできても、第三のハードルが越えられずに二丁目を楽しめないまま敗退していくゲイはたくさんいる。

二丁目の初心者が陥りやすいのは、ほかの人もみんな自分と同じものを求めているという前提で行動してしまうことだ。そして、人がそれぞれ欲しいものが違うというシンプルな事実を踏まえずに、単純に判断してしまう。たまたま自分と同じものを求めている人に出会っていないだけなのに、「みんなセックスしか興味がない」「みんなウジウジしてる」「みんなチャラチャラしていい加減なのばっかりだ」と思い始める。

深い意味で人間に関心のない人ほど二丁目に一方的な決めつけをしてしまうのだ。そこに気持ちの奥に潜む同性愛に対する嫌悪感が加わると、「やっぱり二丁目に来るようなのにはロクなのがいない」という結論になる。

そういうおバカな客にはゲイバーのママたちは厳しいから、さんざん痛いところを突かれて、結局は二丁目から弾き出されてしまうのだ。

二丁目をほんとうに楽しむには「人はみんな違う」と、まず受け入れる気持ちが一番重要だ。ゲイという共通項だけで、こんなに狭い世界に、ありとあらゆるタイプの人間が生の姿を見せて渦巻いているのが二丁目だ。こんな社会なんてそうザラにない。多分誰にとっても、それまでに属していたいくつもの小さな社会、学校とか会社、友人関係や地域社会とはまったく異質で濃密な世界なのだ。「ま、世の中っていろんな人がいておもしろいワ」と受け止める感覚がないと、とてもやってられない。

この感覚さえ持ってれば、この街のフリーパスを手に入れたも同然。後はゆっくり楽しみながら、自分の欲しいものを手に入れていけばいいのだ。

そういえば、もう四〇年近くも二丁目で遊んでいる人がこんなふうに嘆いていた。

「昔はネ、ゲイの世界に入ってくるには、誰かに連れてきてもらうしかなかったのよ。だから、この世界には若くてキレイだとか、すごくセクシーだとか、誘ってもらえるようなものを持ってる子ばかりが集まってたワケね。それが今じゃ誰でも彼でも入ってくるようになったからネェ……」

これを聞いて、なんとか自力でこの街にたどり着けた僕は、思った。ゲイの世界が基本的に、誰に対しても開かれている時代に生まれてよかったって。

僕と同様に、縁あって二丁目にやって来れた人たちには、うまくこの街を使いこなしてもらいたいと心から祈ります。

4 椰子の実になったつもりで

二丁目を理解しようとするならキーワードは自己解放だ。

自己解放なんていうと仰々しくなってしまうが、ようするに「アタシがアタシでどこがいけないのよ！」ということ。この街には、みんな自己を解放しにやって来る。

二丁目に来る人たちは、基本的には「男」を求めていると書いたが、ノンケ社会の中で抑圧している「男に対しての性的欲望」を解放しにやって来るという意味で、これも自己解放だ。そしてこれこそ、ゲイにとっては重要な自己解放なのだ。

しかし、性欲だけが一時的に解放されたとしても、それで自己がすべて解放されたことにはならない。「男と寝る」だけが目的なら、わざわざ二丁目に来なくても、いわゆるハッテン場と言われるセックス中心の出会いの場に行けば事は足りる（じつは、ハッテン場でさえもセックスだけが行なわれているのではなく、いろんなコミュニケーションも交わされているのだが）。

人はもっと全体的なかたちで他人と関わりたいという欲求を持っている。

人間の社会生活の中では、性欲は小さな部分を占めているにすぎないと思われがちだが、じつは性欲以外のあらゆるものに微妙に絡み合ってる。それはあまりにも当たり前すぎて、ほとんどの人々に意識されないほどだ。

社会の枠組みを作り出す政治にしろ、情緒を豊かにする芸術や文化にしろ、生活を支える経済にしろ、男女を結び付ける性欲を前提に成り立っている。これがノンケ社会の実情だ。そしてゲイもこのノンケ社会で生きるしかない。

このノンケ社会の中で、ゲイが自分の性欲を隠して生きるためには、生活のあらゆる場面から自分の性欲を切り離しておかなければならない。しかし、このほんの小さな部分を切り離すことで、全体も大きく損なわれてしまうのだ。

会社の同僚と昨日見た映画の話をするとしよう。ストーリーの展開のおもしろさとか、美術の素晴らしさは語れても、ブラッド・ピット様（この人を選んだのは、単に僕の趣味です。悪しからず！）がセクシーで趣味だったと語れなくては、映画を語る楽しさの醍醐味はどこかに行ってしまうだろう。ヒーローの恋愛観を批判するのに、自分の恋愛の現状を付け加えられなくて説得力を持つだろうか。

子供の学費を払うのに大変だとこぼす友人に、自分のパートナーが公認会計士の資格をとるまで経済的に支えているから自分も同じように大変なんだと言えなくて、その友人を心から励ませるだろうか。話すとしても、その都度、「彼」と「彼女」を間違えないように置き換えなくてはならないのだ。

こんなふうに、いちいち例を挙げていたらキリがないほど、ゲイはこんなことを日常的に強いられているのだ。たぶんノンケには想像さえできないだろう。

ゲイは一日中セックスのことを考えているワケではないが、生活のあらゆる場で、自分の性欲を意識させられてしまうのだ。そして意識させられるたびに、相手に気取られないように心に緊張が走る。

二丁目では、こんな緊張から解放されるのだ。これがこのエリアに足を踏み入れたとたん、ゲイがどこかホッとする理由だ。

ここでは、バレエダンサーのひときわ大きいモッコリを称賛しつつ、そのバレエの芸術性を語ることもできるし、ある政治家のでっぷりした体格を愛でつつも、その政党の政策を批判することもできる。こうやって初めて、自分の性欲を意識させられることなく自分自身を取り戻せるのだ。

去年は暑い夏だった。暑さは秋になってもいっこうに衰えず、九月になっても三〇度を超える毎日が続いた。それでもふと見上げた空の高さや、ときおり吹く風に秋の気配を感じた僕は、その日の客に「暑い暑いと言っても、もう今日は秋の気配が感じられたよネ」などと話していた。それを聞いたコンピュータ関係の営業をやっているラクちゃんという客が、わが意を得たりとばかりに、「そうだよねぇ！」と叫んだ。

「僕も今日は一日外回りで汗だくで歩き回っていたけど、風の匂いに秋を感じたから、社に帰って同僚たちに、もう秋だねぇって話したら、『この暑いのにお前何言ってんのぉ』って誰も取り合ってくれないんだもの、ノンケの男って話にならないんだよ。やっぱり二丁目はいいなぁ」としみじみと微笑んだ。これも、ラクちゃんにとっては、大切な解放感だったんでしょうね。

男探しより、思いきりおネェでカラオケ歌えるだけでストレス解消という大学の先生もいるし、なかなかいい男に巡り合えず、デートは重ねるもののいつも疲れて、帰りにコーヒーを飲んでホッとしに来る女の子（本物の）もいる。みんな抱えている問題が違うから、自己解放のやり方も人それぞれだ。

人生いろいろ、お客もいろいろ。マスターだっていろいろだから、二丁目にはいろんな店が咲き乱れるの♪、というワケだ。

二丁目には、若専（若い人が好き）、フケ専（中年が好き）、デブ専、ヒゲ専、SM、体育会系など男の外見的好みに関する各ジャンルの店は一通り揃っている。そして、カラオケがあるとかないとか、それぞれのマスターのこだわり次第で交わされる話題が、ハッテン系が得意だったり、歌謡曲だ、ジャズだ、映画だ、演劇だ、人生論だと多種多様だ。加えて、そこに引き寄せられるいろんな客の組み合せとマスターの個性や人柄が影響して、様々な色合いの店ができあがっている。

こんな多様な店々の中から、自分の落ち着ける店を見つけられるかどうかは、自己解放にとって大きな問題だ。

実際、二〇〇軒以上もある店の中から、自分にぴったりの店をすぐに見つけ出すのは至難の業。でも、みんなそれなりに時間をかけてたどり着いている。合わない店ばかりが続いたならば、見つかったときの喜びも倍増だくらいに考えて、ま、気長に探すことだ。

こうした店探しには、前に紹介した『全国男街マップ』を参考にするという手もある。短い文章だけど、それぞれの店の特徴が書いてあるから、そこから好みに合いそうなバーを選び出して、ト

ライしてみるのもいい。とは言っても、どの文章も、そこのマスターが書いているので、客観性というものにはいささか欠けるきらいがあるから、あまり過大な期待はしない方がいいと思うけど……。

僕の店にも一年に何人か、このマップを見てゲイバーに初めてやって来たという新人が現れる。そういった新人は、僕の店で情報を仕入れて、またどこかの店へと流れていく。僕の店の客も例の回遊コースの候補を何軒か持っているから、たまたま居合せた客が次の店へと流れる時に、頼んで連れていってもらうこともできる。どこの店にも、ほかの店に向かっているいくつもの潮の流れがあるから、そういった潮の流れをうまく乗り継いでいけば、けっこういろんな店に辿り着ける仕組みができあがっているのだ。だからそのうち、みんな自分にぴったりした店を見つけて落ち着けるようになる。

もちろん、そういった潮の流れに乗って僕の店に流れ着き、しっかり根づいた客もたくさんいるということだ。二丁目はそのまま「椰子の実」の世界なの。

なかなかシックリくる店が見つからない新人にアドバイスするとしたら、新しい店は何回か通ってから評価を下すことをお勧めする。

初めて行った時だけでは、その店の真価はわからないことが多い。曜日を変えてみたり、行く時間帯を変えてみたりすると、その店の本来の魅力を知るチャンスも増えるのだ。店によって、週末の混雑している時こそ真価を発揮している場合もあれば、ウィークデイの空いている時にいい味を出してる場合もあるからだ。

僕の店のように小さいバーでは、客の組み合せ次第でいくらでも雰囲気が変わってしまう。そしてみんなドンドン動くから、三〇分もしないでまったく違うノリの店になったりもするのだ。もしチャンスがあったら、一度開店から閉店まで留まってみるのもおもしろいかもしれない。そういった定点観測をしてみると、その店の今まで知らなかった側面をかいま見ることもできると思う。

でも、そんなことしていると、店のマスターから「あんた、今度カウンターの中入ってみない?」とか言われて、いつのまにかミセ子になってしまう危険性もあるけど……。

とにかく一軒でも、どこかなじめるバーを見つけられたら、その店をベースキャンプにして、二丁目のほかの部分をじっくり探検していけばいい。

僕の二丁目における師匠筋に当たる「クロノス」のマスター、クロちゃんが、僕が店を始める相談をしに行った時に言ってくれたことばを紹介しよう。

「二丁目の店は、どんなタイプの人間がやってもそれなりにやってけんのよ。ハンサムなマスターがやってれば、それを目当てに人は集まるし、ブスなマスターがやってれば優越感味わいに客は来る。おしゃべり上手なマスターがやってれば客は話を聞きに来るし、無口なのがやってれば自己主張の強いのが自分のことを話しにやって来る。いつも空いてる店なら浮気のデートに使えるし、騒ぎたければ賑やかな店に行きゃいいんだし、どんな店でも考えようで何か取柄があるもの。それを客がうまく使っていけばいいんだから」

なかなか深いでしょ! これを参考に、二丁目を楽しみながら自己解放にせいぜい励みましょう。

5　おにいさんはおネェさん

二丁目はおネェさんの街だ。二丁目ではおネェさんを避けては通れない。

二丁目に適応できない人たちは、こんなふうによく言う。

「どこへ行っても似たような店ばかりで、みんなおネェことばばっかり話すんだもの。なんかついて行けない」

確かに、おネェことばを駆使してぶっ飛ばすおネェさんの印象は強烈だ。ノンケ社会にアジャストしている人ほど気持ち悪いとか不気味だという印象を持ちやすい。その印象はあまりに強くて、その店のニュアンスなどはどこかへ吹き飛んでしまい、どこへ行っても同じように見えてしまうのだろう。

これは、今まで聞いたことのないような音楽ジャンルのアルバムを初めて聞いた時の感覚と似ている。ある程度聞き込んでいけば、それぞれに違う曲だとわかるようになるし、好き嫌いもはっきりするのに、初めはみんな同じ曲に聞こえてしまうのと同じだ。

二丁目で遊ぶならおネェさんと仲よくしておけるのにこしたことはない。仲よくできないにしろ、よく知っておく必要はある。

おネェさんとは端的に言えば女っぽいゲイだ。しかし、その女っぽさは過剰で、実際の女性の女っぽさとはどこか違う。

じつは、おネェさんというのは「男が女っぽくってどこが悪い！」というメッセージを含んだゲイによる女性性の表現様式なのだ。それも、「どこが悪い！」というメッセージを含んでいるがために、いわゆる女性的と言われているもののうち否定的な部分が前面に押し出されている様式だ。これはゲイが創り出した独特な遊びの文化なのだ。

僕が思うおネェさんのイメージを列挙してみよう（念のために言っておきますけど、僕も自他共に認めるレッキとしたおネェさんだから、これは一種の自己分析なの）。

おネェさんは攻撃的だ。おネェさんは意地が悪い。おネェさんは高圧的だ。皮肉屋で、押しつけがましい。他人に厳しく自分に優しい。こらえ性がない。ワガママだ。露悪的だ。感情的で論理に一貫性がない。何でも茶化す。非現実的だ。エトセトラ、エトセトラ。

キリがないからこれで止めるけど、こうやって並べていくと絶対友だちになりたくない人物像が浮かび上がってくる。それに単純に女っぽさとは言えないようなものまで多数含まれている。

こういったおネェさんのあり様は、二丁目に限らずゲイの集まるところではどこでも共通している。もちろん日本だけでなく、世界的にも共通している現象だ。英語圏のゲイは、こういう性格を押し出したおネェさんには、「ビッチ」という女性に対する最悪のことばを与えている。当然誉めことばとしてだが……。

どうしてゲイはこうした「おネェさん文化」を生み出したのだろうか？

ノンケ社会の中では、男らしさにうまくアジャストできるゲイなら、ゲイの部分だけを隠していればいいが、女性的なものをたくさん抱えているようなタイプのゲイは、女っぽい部分もゲイの部

分も隠すのにかなりのエネルギーを使わなければならない。隠し切れないほど女っぽければ、そのエネルギーの量は膨大だ。これはそんな必要のない人には想像できないくらいにストレスのかかる問題なのだ。

気のおけないゲイだけが集まっているような環境では、自然にその緊張が解ける。そこでは誰に気がねすることなく女っぽさも解放できるのだ。なぜならほかのゲイだって自分と同じように女っぽさを隠すのにウンザリしているはずなのだから。

男は誰だって多少の女っぽさを内側に持っていてもおかしくないのに、「ゲイはみんな女っぽい」という思い込みが社会に流れているので、たいして女性的でないゲイでさえ過剰に反応してしまうのだ。だからその解放された感覚は多くのゲイの共感を呼ぶ。

こうしてストレスを抱えたゲイが集まれば、そこには必然的に一種の無礼講的「おネェさんワールド」が出現してしまう。女ことばを使い、自分の女っぽさをさらけ出し、他人の女っぽさを暴き出しては笑い合うという遊びの中で日頃のウップンを晴らすのだ。

「おネェさんワールド」では、ノンケ社会とは逆に、女っぽさを恥じたり隠したりしようとする態度や行動は批判や揶揄の対象になる。男らしくしろと強制される日常の世界をひっくり返したパロディの世界が作り出されるのだ。そこでは常に「自分を隠さずに女っぽくあれ」という雰囲気が主調音となって流れる。こうありたい自分より、こうでしかない自分をさらけ出すことの方が評価される世界だ。建前でしかものを言わない人間は徹底的にバカにされ、攻撃される。

ノンケ社会ではバカにされる「女の腐ったような奴」を引き受けてしまったのなら、もう何も恐いものはない。どうせなら最低の女を演じてみせた方が、引きずり下ろされることもなく、一番笑いをとれるのだ。最低の女は最高の「おネェさん」というのが、このゲームのルールだ。

こうやってゲイの間だけで通用する、「最悪の女」という衣をまとったおネェさんが続々と生まれる。どうせ最悪の女なんだから、何を言っても何をしてもいい。こんなことは三日やったらやめられない快感だ。

他人に意地悪をしたければ、すればいい。自分を甘やかしたくなったら、いくらでも甘やかせばいい。すべておネェさんという様式の中でやっている限り、虚構の中のこととして許されてしまうのだ。

もちろん許されなくても構わない。「あたしってそういうオンナなの！」のセリフ一つでケリがつくのだ。お説教するような野暮なのが出てきたら、まともに取り合わずにこう言えばいい。

「あたしってバカなオンナだから、そういうむずかしい話ってワカーンナーイ！」

こうやって窮地を切り抜けられれば、おネェさんうちではお見事と評価が上がるのだから、おネェさんを相手にするのは日頃の常識に捉えられているタイプでは歯が立たない。ルールを知らずにゲームをやらされているようなものなのだ。そういう人たちにとって、おネェさんがみんな恐く見えるのも不思議はない。

逆にコツさえ飲み込んでしまえば、おネェさんの扱いは簡単だとも言える。自分の女っぽさ（誰だって少しはあるんだから）を素直に見せて、負けてあげればいいのだ。「女王様にはかないませんワ」と。

時と場合によっては、負けない女王様タイプが張り合ってしまうことがあるが、そうなるとなかなか収拾がつかなくなる。お互いに痛いところを熟知し合っているおネェさん同士のバトルは、ことばだけで相手にグウの音も出させないところまでやるしかないのだからキリがない。

二丁目の店でそんな場面に遭遇したら、触らぬ神にたたりなし、関わらないようにするのが得策だ。そんな時こそ、店のママの権威と頭のよさが問われる。女王様に勝つには結局頭のよさしかないのだ。

こんなに恐い、だけど憎めないおネェさん方を相手に商売しているのだから、どんな初々しい新人のママだって一、二年もしないうちに立派な一国一城の女王様になってしまう。

かくして二丁目は、たくさんのおネェさんによって店が営まれ、たくさんのおネェさんが客として集まるという独特の街に育ってきた。そして、この街にやってくるゲイは、自分の好みに合ったおネェさんぶりを楽しみ、ノンケの男をからかうという文化形態を定着させてきたのだ。

じつは、恐いものなしのおネェさんにも一つだけ弱点がある。おネェさんの価値を認められれば認められるほど、男にはもてなくなるのだ。

二丁目はゲイの街だから、いくら女っぽさが解放されても、それで男ができなくなったら元も子もない。ゲイは「男」に対して性的欲望を持つのだから、おネェさん遊びにうつつを抜かしていたら共感は持ってもらえても自分自身がもてなくなってしまう。もてるもてないで言ったら、おネェさん方がいつも口ではバカにするノンケっぽいゲイにかなわないのだもの。

そこで外見はどこまでも男っぽく、内面は豪華なおネェさんという一種奇妙なバランスをとったゲイが今や主流となっている。短髪ヒゲマッチョのおネェさん、体育会系のおネェさん、渋いオヤジのおネェさん、普通のお兄さんのおネェさんと、言語としては意味不明としか言いようがない、バラエティに富んだおネェさんたちが次々と生まれて、二丁目を闊歩する状況なのだ。

今でもこの街では、おネェことばで相手をこきおろすだけで楽しくて仕方がないといった風情の、遊び始めらしい若い子を見かける。そこにはまだ洗練さもウィットも感じられないけど、子供ライオンが噛みつき合ってじゃれているようで、つい微笑んでしまう。早く立派なおネェさんになるのよ（ワ、ワタシも年をとったんだワ！）。

今よりもずっとゲイを取り巻く環境が厳しかった昔の二丁目には、本当に迫力のあるオネェさん達がウジャウジャといたものだけど、最近は軽やかに二丁目にやって来れるようになったせいかマイルドなおネェさんが増えてきたように思える。

昔風の典型的な大おネェさんタイプは、そのうち絶滅種のリストに載ってしまうんでしょうネ。トキの次くらいに。

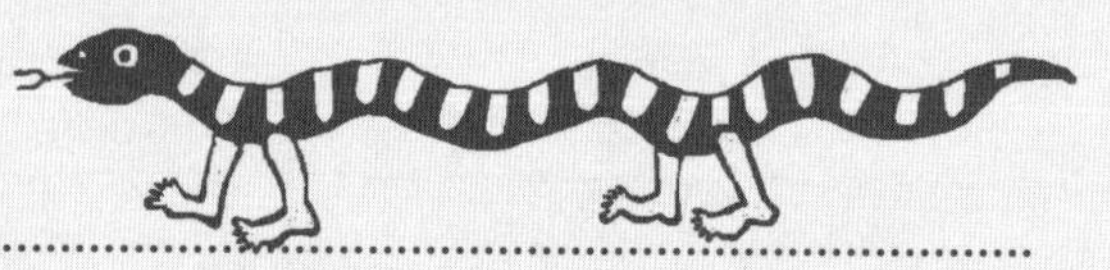

二十八年後の蛇足コメンタリー❶

今年は二〇二三年。この『二丁目からウロコ』が出版されてから二十八年ほどが経ちました。そして、いわゆる「二丁目」と呼ばれるこの街は毎日たくさんのお客さんのプレイランドであり続けていますし、僕もなんとか元気に暮らしています。もちろんタックスノットも同じ場所で生き残って、細々とではありますが、今日も営業を続けています。（潰れてないのよ！ｗ）去年は四十周年という節目でしたが、残念ながらコロナのせいで五年ごとに開いていた周年パーティは諦めました。四十五周年まで潰れずにいたら次のお祝いはぜひやりたいです。

ここ二年間ほど東京都からの休業要請や時短要請が次々に出され、コロナ感染大爆発に翻弄された二丁目ですが、支援金の助けを得て、持ち堪えた店が多かったように思います。ただ、この間に離れていったお客さんが戻ってきてくれるかどうかが実は大問題で、この街が「二丁目」として生き残れるかどうかはこれからの成り行き次第だと言えるでしょう。

二十八年前にはなかったスマホの普及で、この街の性的少数者にとっての相対的な重要度はものすごく落ちたと思います。出会い系アプリに登録さえすれば、相手に出

会うのに困ることはありません（贅沢さえ言わなければw）。二丁目に出てくる必要なんてないんですもの。

この二十八年の間に急速に進んだ価格破壊は、割と安いと言われた二丁目の酒の値段も、いつの間にか高く感じさせるようになってきました。二丁目にやってきても店に入らず、コンビニで好きな酒を買って仲間と路上飲みする若い人も増えたとママ連がぼやいているなんて話を聞いてからも十年くらいは経ってるし…。ま、とにかく、この街の勢いを削ぐ話はいくらでも聞くけど、その反対は聞いたことがない。

それでも、ノンケとの飲み会でストレスを溜め、「みそぎ」としての仲間とのバカ話ができる街は必要だし、同居しているカレシの理不尽な物言いに腹を立て、まっすぐ家に帰りたくない気分の時は「そんなヤツとは別れちゃいなさいよ！　あんたなんていくらでも替えが見つかるわよ！」と言ってくれるママに会いたいもの、そんな時に頭に浮かぶのはやっぱり二丁目。

ＬＧＢＴＱ＋（こんな言葉も二十八年前にはなかったのよ！）の社会的受容が進んだと言われてはいるけれど、ノンケ社会で伸び伸び暮らせている人なんていないのが日本の現状。この街の底力はまだまだ失われてはいないのです。

第2章　僕の通ってきた道

1　小さい頃からしっかりゲイ

「ターちゃん、山田真二が出てるわよぉ！」

そんな声が聞こえると、僕は家のどこにいてもテレビの前に飛んできて、食い入るようにブラウン管を見ていたらしい。これは、叔母から後になって聞いた、僕が小学校にあがる前の話だ。テレビの前に釘付けになっていたことは覚えていないが、山田真二がとにかく好きだったことは覚えている。そんな小さい頃から、僕にはしっかり男の好みがあったのだ。

いつの頃から男に引かれていたかと記憶をたぐりよせていくと、山田真二にたどり着く。ほかにも、雪村いづみとかオードリー・ヘップバーンとか好きなスターはいたけれど、山田真二にはそれとは違う、何かもっと特別で官能的なものを感じていた記憶がある。

小学校にあがると、僕は校庭にあったジャングルジムでとても楽しいことを覚えた。ジャングルジムの一番上から地面に向かって垂直に鉄棒が立っていて、消防士が滑り降りるような遊びをしているうちに、なんとも言えないほどよい気持ちになることを発見してしまったのだ。

僕は休み時間になると真っ先にジャングルジムに走っていき、その鉄棒におちんちんをピッタリくっつけて、できるだけゆっくりと滑り降りる一人遊びをしていた。ほとんど止まっているぐらいのスピードで降りてくると、必ず「それ」はやってきた。「それ」がなんなのかは知らなかったけれど、あんなに気持ちのよいものはなかった。僕は「それ」に「ウユウユ」という名前を付けた。めくるめく快感がいつも遠くから「ウユウユ」って感じでやってくるからだ。

そのうち、「ウユウユ」をする時に言うおまじないも見つけた。「ヤマダシンジノオチンチン、サワッテミタイ、ミテミタイ」というのがそれだ（ちゃんと七五調になってるでしょ！　僕にとっての初めての創作定型詩というわけネ）。

こう唱えると不思議に「ウユウユ」が早く訪れるのだ。実際に、僕は山田真二のおちんちんが触ってみたかったし、見てみたかった。おまじないを言うだけでなく、彼の裸やおちんちんを想像してみると、もっと効果的だった。

このおまじないは、その時々で「ヤマダシンジ」のところが「コサカカズヤ」に変わったり、「サカモトキュウ」に変わったり、クラスの大好きな男の子の名前に変わったりしたけど、「ユキムライヅミ」に変わったり「オードリー・ヘップバーン」に変わることは一度もなかった。僕の「ウユウユ」は男以外ではやってこなかったのだ。

「ウユウユ」はしょっちゅうしたくなるのに、ジャングルジムはどこにでもあるわけじゃない。僕は、足を組んでおちんちんを股に挟み、息を止めて股に圧力をかけているとやっぱり「ウユウ

ユ」ができることを発見した。これは実に大発見だった。

それ以来、ジャングルジムのあるところという限定条件を離れて、僕は時と場所を選ばず「ウユウユ」をやりまくれるようになった。手でおちんちんを触るわけではないので、ほかに人がいても誰にも気づかれずにできるからだ。退屈な授業中に、通学途中に電車を待ちながら駅のベンチで、家で宿題をやりながら、フトンに入ってからと、椅子があるところや寝そべることができるところならどこでも「ウユウユ」が可能になったのだ。村長さんの家にしか電話がない時代から、一挙に携帯電話の時代までワープしたようなものだ。僕はせっせと「ウユウユ」に励んだ。

もちろん、僕はこのことを誰にも言わなかった。誰に教わったわけでもなく、男の裸やおちんちんを想像しながら「とってもいい気持ち」になっているのは秘密にしなければいけないことだくらいは直観的にわかっていたのだと思う。

かくして小学校の一年の頃から、僕は大好きな男の人の裸やおちんちんを想像してはマスターベーションを（手を使ってないから正確にはマスターベーションではないかもしれない。この語源には「手で行なう」という意味があるらしい）し続けたものだから、第二次性徴を迎える前にしっかり性的指向が決まってしまったようだ。

僕は中学と高校は男子校だった。男ばかりの環境で、男が好きな男の子にとっては、やりたい放題の楽園となりそうだが、現実はそんなに甘くなかった。

中学一年といえばみんなが性に目覚める頃。寄ると触ると、みんなでセックスにまつわる話をしたものだ。どこかで仕入れてきたマスターベーションの仕方を伝授する子もいれば（あーら、ワタシなんか六年も前からやってたわヨ！）、百科事典に載ってる女性器を見ては、ニマニマし合ったりする連中もいた（もちろん僕はその隣りの男性器を見てコーフンしていた）。

小学校では性的に目覚めているのは本当に少なかったから、僕のように早くから目覚めた人間にはある意味でつらい環境だった。ましてや男に引かれている部分を秘密にしているのだからなおさらだ。夜中の二時頃からパッチリ目が覚めていたのに、周りのみんながまだ寝てるので、明るくなるまでジッと寝たふりをしていなければならないのと同じだ。これほど退屈でつらい時間はない。それが中学に入ったら、みんな起きてきて騒ぎ出したのだから、僕は嬉しくて仕方がなかった。僕はセックスのことで頭がいっぱいだった。

ある時、父母会（当時は父兄会といったけど）のために、学級担任が無記名のアンケートをとった。生徒の実態を親に知ってもらおうという意図だったのだろう。いろいろ設問がある中で「今何に一番興味がありますか？」というのが入っていた。僕は迷わず「性について」と書いた。休み時間や放課後のみんなの様子からしても、ほとんどの生徒が「性」と書くと思っていた。

父母会の後、親父が学校から帰ってくると、担任から配られたというアンケートの集計を見せてくれた。「今一番興味のあること」のところには、ほとんどの生徒が「勉強」「英語」「スポーツ」「クラブ活動」「自分の将来」などとあげていて、「性」と書いているのは八〇人中のたったの一人だけだった（一人よ！）。親父に「お前はなんて書いたんだ？」と聞かれて、とっさに「英語」と答えたが、僕はなんだかものすごく裏切られた気がした。「みんなきれいぶって……。あいつらって信用できない」。でも無記名でホントによかった……。

それ以来、僕はこと性に関しては級友たちに心を閉ざすことにした。

そのうちいろんなことがわかってきた。同性愛は「変態性性欲」で「未熟な精神状態の表れ」で「治療されなければならない対象」だということが。どんな性に関する書物を開いても、ぞっとするようなことしか書いてなかったし、少しでも希望が持てるようなことは一つも見つけられなかった。そして「ウユウユ」にも名前が付いていて「あまりやりすぎると普通のセックスができなくなる」と書いてあった（どーしよう。もう何千回もやってきちゃったわヨ）。

僕は小学校の頃よりもずっと用心深くなった。学校では、僕は性的なことに関しては「ネンネ」のフリを通し続けることにした。あいつはまだガキだからセックスには関心がないんだと思わせておくのが一番安全だったのだ。

あんなに暗い時間から目覚めていながら寝たふりをしていたというのに、周りの人間が起きてドタバタ騒ぎ出した後でさえ僕はフトンをかぶったまま寝たふりをし続けなければならなかったというワケだ。僕は高校を卒業するまでの六年間、フトンをかぶり続けていた。太陽はとっくに頭の上にまで昇っていたというのに……。

もちろん学校生活は、そのことを除けば、楽しい時間に溢れていた。外から見れば、素晴らしい友人に恵まれた、健康的で明るい学生時代だったと思う。

だけど、僕にはいつも何か欠けた感覚がとりついていた。自分を充分に表現できていないというストレスが慢性的にまとわりついていたのだ。

「僕はこの人たちとは違う！」「自分が自分だって表したい」という気持ちはどんどん大きくなっ

ていき、クラスの半分が東大に行くというような進学校の雰囲気の中で、僕は美術の世界にのめり込むようになっていった。嬉しいことに、芸術家の中にはたくさん仲間がいた。美術の世界では、僕が僕のままでも許されている安心感があった。

「ゲイは芸術的才能が豊かだ」なんてことがよく言われる。それは一種の偏見なのは確かだ。僕も世間に対してそう言ってきたけど、逆にこんなふうにも言える。

「人を好きになるという人生の重要事を小さい頃から隠し続けてごらんなさいよ！　誰だって何か別のかたちで自己表現くらいしたくなるわヨ！」

受験のストレスまでが加わって、頭からかぶったフトンの中で蒸し風呂状態になっていた僕は、よく通っていたアンダーグラウンド映画の上映館で手を出してきた男の人に顔も見ないで付いて行き、初体験を済ませた。高校三年の夏のことだった。

太陽がまぶしすぎたせいネ……。

2　二丁目への船出

僕が初めて新宿二丁目に来たのは、一九六八年。僕は多摩美のデザイン科に通う初々しい一年生で、まだ『薔薇族』も発刊されていないゲイ紀元前の頃だった。

当時僕には、ＱＰちゃんというゲイの友人がいた。彼は僕と同じ学年で、僕にとって生まれて初めてのゲイの友人だった。

デザイン科一年生のデッサン教室には、小さなノートが置いてあった。担任の教師が新入生同士が仲よくなるきっかけを作れるようにと、簡単な自己紹介を書くノートを用意してくれていたのだ。その中に、「僕は森永ホモ牛乳が好きです」と書いていたのが、このQPちゃんだった。

僕にはゲイの友人が必要だった。僕には中学、高校を通して、親友と呼べる友人が何人かいたし、そのうちの一人にはカミングアウトもしていたが、ことゲイに関する限りでは天涯孤独という気分だったのだ。

高校三年の初体験の直後、僕が思い余ってカミングアウトしたら、その友人はこう言った。「僕たちは今大事な大学受験を控えているんだよ。大学に行ったら、僕が一緒に病院に付いて行ってあげるから、今は考えないようにしなよ」

これは彼にしたら精一杯の友情の表明だったのだろうし（実際、彼はその後も僕に対して誠実であり続けてくれた）、当時は、ゲイであることを勇気づけるような情報など流れていなかったのだからこれ以上を望む方が無理というものなのだが、僕はノンケ（その頃はまだこんなことばも知らなかった）の友人には限界を感じてしまった。「大学受験の方が大事？　病院に行く？　ダ、ダメだ、こりゃ！」

僕はゲイであることを思い悩んでいたわけではなかったが、これからの人生でゲイであることにどう対処していったらいいかわからなかったのだ。僕は、自分が抱えるこの問題を理解し、共有してもらえる友人を渇望していた。

大学での新生活が始まってすぐに、デッサン室の小さなノートに、森永と牛乳に挟まれていたとはいえ、ホモが好きですという文字を見つけた時は、目の前がちょっと明るくなったような気がした。きっとQPちゃんも僕と同じ思いだったのだろう。「ホモ牛乳」は彼の精一杯の叫びだったのだと思う。そしてその声は僕に確実に届いた。

僕はすぐにQPちゃんに近づいていった。もちろん、すぐに自分がゲイだなんて言わなかったけれど、いろいろ話すうちに、感覚的にこの人はどこかほかの人と違うと双方で思ったようだ。二人とも映画が好きで、カミングアウトのきっかけになったのは「女狐」という映画だった。ちょうどその頃公開されたこの映画はロレンス原作の『狐』を映画化したものだった。雪深い森の中に住んでいるレズビアン・カップルの間に、外からやってきた男が入り込んできて……という映画だ。男の存在を二人のレズビアンの生活を脅かす狐に例えているのに「女狐」というタイトルはけしからん、に始まって、二人とも妙にレズビアンの肩を持つ意見を述べ合っているうちに、ひょっとして君もそう？　てなことで双方向カミングアウトは無事終了したのであった。

単にお互いがゲイだったということだけでなく、いろいろな価値観を共有できたからこそいい友人になれたのだから、こういうゲイの友人を持てた僕はとてもラッキーだったと言えるだろう。お互いシュミじゃなかったことも幸いして、僕たちは最高の友だちになっていった（彼は今でも僕の一番大事な友だちの一人だ）。僕の大学生活はいっぺんに明るいものになった。

ある日、そのQPちゃんが週刊誌の囲み記事の中で、新宿二丁目のある店について書いたものを見つけてきた。

記事によると、そこは「ピオニール」という「ホモの店」で、「昼間から、妖しい美少年たちが

何人も集まっている」らしいのだ。そして電話番号が書いてあった。

僕とQPちゃんは、顔を合せれば威勢のよいことばかり話し合っていたが、実際のところ二人とも一回ずつの性体験があるくらいで、ゲイに関して言えばからっきし臆病な方だった。このままではこの閉塞状況は変わらない、思い切って出かけてみようと話がまとまり、僕たちは地図を片手に生まれて初めて二丁目に足を踏み入れたのだった。それも夜ではなんだか恐いので、「昼間から集まっている」というのだからと、まだ日も高い二時くらいに出かけた。

昼間見た二丁目は薄汚れたパッとしない街だった。先入観も手伝ってか、すべてがウサン臭く見えた。

記事には細かい場所までは書いてなかったので、紹介されていた番号に電話をかけて事情を話すと、電話に出た男の人が迎えに来てくれた。くたびれたシャツを着て、裸足にサンダルを引っかけて小走りにやってきたその人は、どう見ても美少年には見えないタイプだった。

連れていってもらったその店はバーといった雰囲気ではなく、普通の家といった感じの場所だった。確かに記事には店の雰囲気などは書いてなかったのに、「妖しい美少年」が集う場所というので、勝手に洒落たサロンのようなものを想像していた僕には、そこはひどくみすぼらしい部屋に思えた。どこにも窓がなく、昼間から電球で照らされた奥の四畳半くらいの畳部屋には、四〜五人の、僕たちより少し年上の男の子たちが寝そべってテレビを見ていた。やっぱりどの子も美少年には見えなかったし、「妖しい」なんて雰囲気はカケラもなく、ただただ貧相な感じの男の子にしか見えなかった。僕は、息をしているだけで、自分の身体に汚いものが染みついてしまうような気がした

（ゴメンナサーイ！　当時そこにいた人たち）。

今思えば、あれは売り専だったのだと思う。彼らはきっと客待ちの状態だったのだろう。その時は、そんなこと知らなかったから、なんでこの昼間から、こんなにバッチイ（ゴメンナサーイ!!）子たちが所在なげにテレビ見てるのか理解できなかったのだ。

気まずい沈黙の後、中の一人が声をかけてくれた。「あんたたちホモなのぉ？」「は、はい」「ふぅん。こういうところは夜来なきゃおもしろくないから、今度夜おいでよ」「は、はい」

一秒でも早くそこから脱出したかった僕たちは、そのことばをキッカケに店を飛び出した。

帰り道、期待外れの結果におわった腹いせに、僕たちは言いたい放題だった。二人だけだと、僕らはとびきり元気なのだ。

「あれのどこが妖しいのよぉ！」「なんか悲しくなっちゃったよね」「妖しい美少年というよりは怪しいB級少年ってとこだよねぇ」「二丁目ってどこもあんな感じなのかしら」「ホモってなんか気持ち悪いよね」（てめぇらだってホモだろうが！）

こうして僕らの二丁目初体験は見事に失敗に終わったのだった。

自分の中にある、世間で恥ずべきこととされている部分を肯定するのはけっこう大変な作業だ。「レオナルド・ダ・ヴィンチだって、アレキサンダー大王だってホモだったんだ」なんていう話を自分に言い聞かせて、かろうじて自分のホモセクシュアリティを肯定していた僕には、彼らを自分と同じ欲望を持つ仲間だとは認められなかった。そんなことをしたら、なんとか保っていた自分が壊れてしまいそうな気がしていたのだろう。

今となれば、初体験は大事な男の人にとっておきたいと、瞳に星をきらめかしている男の子を見ても、フィストファックが大好きで、バッグの中にいつも浣腸を入れて持ち歩いているような男の子を見ても、結局は同じ仲間なんだと思えるようになったけど、当時の僕には、昼日中からあんな場所で寝そべってテレビを見ているだけで許せなかったのだ。

これは、ヘテロセクシュアルの猟奇殺人鬼を見ても、自分のヘテロセクシュアリティを嫌にならないで済む人たちにはなかなか理解できない感覚かもしれない。

自分と違う価値観を持ったゲイを見ても、自分が揺るいだりしないようになるまでには、その後何年も続く二丁目でのレッスンが僕には必要だったのだ。

僕らは初戦で敗退した。雪辱の機会はしばらくはやってこなかった。僕とQPちゃんは二丁目のことは忘れて、映画館で誘われそうになったとか、電車の中でチカンされたとか、たわいもないことを自慢し合っては、安全でちょっと退屈な時間を過ごしていた。

QPちゃんよりほんの少しかわいかった僕の方が、だいたい自慢する方だったけどネ。ホッホッホ（ゴメンナサーイ！　QPちゃん）。

3　ゲイには将来の展望がない？

二丁目に対する雪辱戦は、またしてもQPちゃんがキッカケだった。

多摩美の三年の頃だったと思うけど、QPちゃんは映画館で知り合った人にパルというゲイバーコットの気分を味わった。」とちょっぴり自慢げに言うQPちゃんに対して、僕はアムンゼンに北極点到達の先を越されたスかったそうだ。しかもちゃんと夜だったそうで、「そのうちターちゃんも連れていってあげるよ」に連れていってもらったと言うのだ。「妖しい美少年の集う店」とは違って、今度のはとても楽し

やっと連れていってもらったパルは名前から連想するイメージとは違い、とっても和風の感じの店だった。うなぎの寝床のような細長い店は、ドアを開けるとすぐにカウンターが延びていて、その奥にはボックス席があり、壁には源氏物語絵巻の小さな屏風がかかっていた。突き当たりにトイレがあって、その前の小椅子にクロちゃんという人が、三つ揃いの上着だけを脱いだ格好で薄明るい赤い照明に照らされて座っていた。

クロちゃんはとにかくよくしゃべる人だった。映画や本の話、その日新聞で読んだトピック、客の恋愛話や失敗談を、かなりの毒舌を交えながら（全部だったかもしれない）、おもしろおかしく語って聞かせてくれていた。単位時間当たりの情報量の多さ（ま、早口ということネ）と、徹底的に笑わせてくれる話しぶり（かなりイジワルなものの見方）に、僕は一種のカルチャーショックを受けた。

今思うと、僕にとって初めてゲイテイストに溢れるゲイのありようを教えてくれたのはこの人だったのだ。

客の方はというと、滝のように流れ落ちる彼の話にチャチャを入れては、こっぴどくやり込められては引き下がるしかなかったのだけど、みんなそれを楽しんでいる風情だった。

僕はすっかりクロちゃんのファンになってしまい、それからもずっとパルに通うようになった。しばらく通ううちに顔見知りも増え、その人たちに別の店に連れていってもらったりしながら、少しずつ二丁目の雰囲気も飲み込めてくるようになった。

二丁目に来るまでは、「同性愛者は日陰に咲くセックスマニアの仇花」というマスコミに流れていたイメージに縛られていたのに、実際に二丁目で出会ったゲイの人たちは、確かに暗かったり屈折しているようなのも多かったけれど、みんな普通の人だった。話の合う人もいれば、嫌な人もいたし、素敵な人もいれば、気持ちの悪い人もいた。

初めのうちはおもしろくって仕方がなかった。同年代の若い子たちとおネェことばでやり合うだけでも楽しかったし、とにかく二丁目に来ると日常生活にはない解放感があった。

それに、それまでの環境では、年代の違う人と話をすることなど親戚か教師でもなければありえなかったけど、ここでは同じゲイというだけでいろんな年代の人、いろんな職種の人、いろんな立場の人と話ができた。それは、学校とか家庭、せいぜいバイト先の世界でしか社会を知ることができなかった僕にはワクワクするような経験だった。

一、二年はあっというまに過ぎていった。たくさん友だちもできたし、エッチもそれなりにした。学生時代が終わるとともに、僕の気持ちにも微妙な変化が出てきた。

僕は多摩美ではインテリア専攻に進んでいたのだけれど、授業にはほとんど真面目に出ないで、当時流行していたアンダーグラウンド映画を気取って8ミリ映画の製作に夢中だった。卒業制作も無理やり8ミリ映画で通してもらい、就職活動もしないで大学を卒業してしまったのだ。今考えるとホントに世間知らずのボウヤだったと呆れてしまう。

卒業後は、親父のコネで入ったCF制作会社を半年で辞め、バイトを繰り返していた。僕は自分が何をしたいのかよくわからなくなってきていた。何か自己表現したいという気持ちだけは人一倍あるのに、どういう手段でそれをしたらいいのか見えなくなってきたし、その自己表現と食べていくことをどう両立させていいのかもわからなかった。将来に対する不安が僕に付きまとうようになった。何かが自分の中で大きく空まわりし始めた。

それが二丁目に対する気持ちにも影響を与え始めたのだろう。あんなに楽しかった二丁目が鼻についてきたのだ。

二丁目にはたくさんの出会いがあった。セックスも特別ぜいたくを言わなければ、いくらでもできた。日頃のウサを晴らす大騒ぎの楽しい時間があった。だけど、それらはその時その時の楽しさでしかない。毎日のように新しい恋が生まれるが、自分も含めて長続きしない。結果として、次々に相手を替えていくことになる。何かが育っていく感じとか、将来の展望というものがまったく見えてこなかったのだ。自分はここで幸せになれるのだろうか？　そんな気がし始めた。

パルを中心とした僕の知っている二丁目では、ある程度年齢のいった人はほとんど結婚（もちろん女性と）していたし、周りの若い男の子たちもゆくゆくは結婚するというのが圧倒的に多かった。ここでは男同士の関係はオプションでしかないのだ。あれば楽しいかもしれないけれど、メインの人生に変化が起これば、常に切り離される運命にあるのだ。

二丁目に集まる人たちには、みんなどこかに「どうせ男同士なんだから……」という気分が流れ

ていた。少なくとも僕にはそう見えていた。

僕の周りでは「いつかあんなふうになりたい」と思うようなお手本にしたくなる人たちはいなかった。結婚せずに、ゲイの人生に対して肯定的に頑張っている人たちもいたのだろうし、男同士で永い付き合いを実践している人たちもいたのだろうけど、二丁目にはそういう人たちを取り上げて、「こういうケースもあるんだから、あんたもやりようによっちゃ、自分の欲しい幸せは手に入るのよっ！」と、そちらの方向へ叱咤激励してくれる雰囲気はまったくなかった。それよりも、二丁目という学校では、オキラクに夢見がちな若い子に徹底的に「現実」を思い知らせ、「現実的」に生きていくようにさせるのが教育方針なのだ。確かに妙な期待を抱かなければ後でいたく傷つくこともないのだから、それは一面では正しい選択かもしれない。

でも、僕は二丁目のこの雰囲気だけは好きになれなかった。僕は人生の伴侶が欲しかったのだ！　それも男で！

僕が「男同士の永い付き合い」とか「将来の展望」とか口にするたびに、「あんた何夢みたいなこと言ってんのよ！　オキラクねぇ」と一笑に付されてケリがついてしまう。いくら言い返したくても、コワイおネェさん連中にはことばでは太刀打ちできそうもなかったし、二丁目ではマジになってムキになればなるほど、からかわれるのがオチだということくらいは、その頃の僕でもすでに学習していた。

クロちゃんからは「夢見るシャンソンおかま」という有難い称号まで戴いてしまった（当時、フランス・ギャルの「夢見るシャンソン人形」という歌が流行っていたのだ）。

悔しくて、腹立たしくて、反論したかったけれど、悲しいかな僕の持っていたのは単なる理想論でしかなかった。無念さを晴らすには、やってみせるしかない。でも、本当に男同士でそんなことが可能なんだろうか？　僕にもまったく自信がなかった。

そんな中で、僕は一時期真剣に結婚を考えたことがあった。

ＣＦ制作会社に勤めていた頃に、フィルム編集をしていたハルミちゃんという女の子と仲よくなった。彼女とは妙に馬が合って、いろんなことを話すうちに、僕は自分がゲイだと話してしまった。彼女は「あ、そう。それはそれでいいじゃん！」と、こっちが拍子抜けするくらいに簡単に受け入れてくれた。ホントにサバサバした性格の女の子だったのだ。

カミングアウトした気楽さから、彼女には心を開いて接することができるようになった。彼女の方も構えずに僕と付き合えるようになったのだろう。そのうち、彼女の僕に対する気持ちは友情から恋愛感情へと変わっていったらしい（ま、よくあるパターンだけど……）。

僕がゲイの関係では自分の望むような伴侶が得られないのではないかと、弱気になってコボしたら、彼女は結婚しないかと持ち出したのだ。

「君とはセックスする気はまったくないし、ほかの男とセックスするけど、それでもいいの？」と聞くと、彼女はそれで構わないと答えた。そのまま僕たちは、状況が整ったらいずれ結婚することにした。

僕には彼女が何を求めているのかわからなかったが、こんなに気心が知れていて、セックスもしないでいい女性なら結婚も悪くないとオキラクに考えてしまったのだ。彼女は僕にとって「都合の

いい女」だったというワケだ。

僕は幸せになりたかった。自分を理解し、支えてくれる人を伴侶に持ちたかった。それが男同士で無理なら、次善の策としてこういう結婚もあり得ると都合よく結論を出したのだ。その時には、相手を理解し相手を支えるという、伴侶となるための大切なもう半分は頭の中になかった。

それぐらい僕の頭は混乱していた。そしてあせっていたのだ。

仕事の面でも、なんとかもぐりこんだグラフィックデザインの会社で、おもしろくもないパンフレットやチラシの版下作りに明け暮れていた僕は煮詰まってきていた。何をしたいのか。何をすればいいのか。自分を表現することはどうするつもりか。わからない……。

結婚するなんて言っちゃったけど、心の奥底では「それがお前のホントにしたいことなの？」なんてもうひとりの自分がつぶやき続けるし、仕事にも展望はないし、こんなことしてたら自分が駄目になっちゃう！　あぁもう何もかもイヤーーーーっ！　僕は袋小路に入り込んでしまったのだ。

「そうだ！　僕は自分を探しにニューヨークに行こう！」これが僕の導き出した八方塞がり状況からの脱出方法だった。

なぜニューヨークなのか、なぜそこに行けば自分が見つかるのか、なんの合理的理由もなかったけれど、僕にはそれですべてが解決できるような気分になっていた。

やっぱりクロちゃんの言うとおり、結局僕はオキラクな「夢見るシャンソンおかま」だったのネ!!

それから夢中で金を貯め始め、その何倍も親から無心して、僕は一皮も二皮もむけた自分に会いにアメリカへと旅立った。一九七五年の三月のことだった。

4　ジャンヌ・ダルクとなるまで

日本の風土にゲイリブはなじまないと言う人もいる。確かに、アメリカのように人数を背景にした自己主張が評価される文化の中で育ったやり方を、そのまま日本に移植するのはむずかしいかもしれない。しかし、ゲイリブの思想そのものは日本にも充分通用するし、必要なものだと、今でも僕は信じている。

少なくともここに一人、その考え方に影響され、救われ、自分の人生を切り開くことができた人間がいる。ゲイリブは僕の人生の中で、それを外しては何も語れないほど、様々な要素に影響を与えている。

ゲイリブとはなんなのか？　その理念を一言で言えば、「ありのままの自分を受け入れ、自信を持つこと。その自分のあり様に沿ったかたちで、自分なりの幸せを社会の中で獲得していくこと」。

こんなところだろうか？（こんなこと力説してると、またリブおばさんとか言われちゃうんだワ。でも我慢して聞いてね）

この理念を実現させるためには、同じ目的を持つ人々との協力も欠かせないし、社会に対する働きかけ（時には戦い）も必要となる。この理念と、その実現のための方法論を含めた総体がゲイリブということになるだろう。

理念は一つでも、手段はいろいろ考えられていい。多分、日本の風土になじむかなじまないかは、アメリカの文化において選択された手段が妥当かどうかの問題なのだ。日本には日本の、その人にはその人なりの手段や方法をとっていけばいいだけだ。日本でも今までに、いくつものゲイリブの試みが生まれては、大きな成果をもたらさずに消えていったが、それも、その方法論そのものをゲイリブと混同してしまったことに大きな原因があったのだと思う（これは、まさに自己反省なのよ！）。最近では日本のやり方を身に付けたゲイリブが少しずつだが確実な成果を見せてきている。日本にもゲイリブが根付いてきたということなのだろう。

僕とゲイリブの出会いはかなり昔の話だ。それは、高校一年の時、当時住んでいた自由が丘の駅前の本屋で一冊の本を見つけたことで始まった。なにげなく見ていた洋書の棚に『同性愛の急増』(Homosexual Explosion）というタイトルのペーパーバックを見つけたのだ。同性愛に関する情報から隔絶されていた僕は我が目を疑い、当然買い求めた。高校一年生の英語力では歯が立たない本だったが、むさぼるように目を通した。

そこには欧米での同性愛の歴史、社会の中での取り扱われ方、治療法を含めた医学界の対応などが書いてあり（正確には、書いてあるようだった、なんだけど）、巻末にアメリカ各地にある同性愛愛好団体（homophile group）のリストが載っていた。

当時は、ゲイリブの出発点となった有名なストーンウォール事件（一九六九年にグリニッジヴィレッジのゲイバーで起きた、ゲイと警官の大衝突）もまだ起こっておらず、まだゲイリブということばさえない、いわばゲイリブ前史時代だった。ゲイリブはストーンウォール事件をきっかけに突然現れたワケではなく、当然そのパワーを育んできた前段階の組織があったのだが、それが「マタシン・ソサエティ」に代表される同性愛者のための親睦団体だったのだ。

リストには、各団体の主な活動や刊行物が紹介してあった。当時の僕は、そんな同性愛者全体の問題などにはまるで関心がなく、男の裸の写真でも手に入らないかと思い、刊行物を出している団体の中から適当に五つほど選んで、つたない英語で刊行物を送って欲しいと手紙を書き、祈るような気持ちで投函したのだった。

極東の天涯孤独なゲイを哀れんでか、神様は祈りを聞き届けてくれ、三つほどの団体がペラペラの小冊子やパンフレットを送ってくれた。その小冊子には、生まれて初めて見る男性ヌードが載っていた。今見れば、どうしてこんなのでコーフンできたのか不思議に思えるような写真だったが、岩の上でさもないポーズをとる、ヘソまで隠れるような大きなブリーフをはいた若い白人を見つめながら、僕は何度となくやりまくった。

ホントにどのくらいやっただろう。しかし悲しいことに、文字ばかりの小冊子の中でホンの二、三枚の写真ではすぐに刺激が足りなくなってしまい、もうどんなに絞っても一滴のファンタジーも出てこなくなってしまった。

せめて文字の中に僕をかきたてるものはないかと、パンフレットの文章に目を通してみると、そこには非常に啓蒙的なことが書かれていた。同性愛は異常ではないこと、古来有名な歴史上の人物にもたくさんの同性愛者がいたこと、世界中に驚くほどの数の仲間がいること、自信を持って生きていくことの大切さなど。いくら読んでも性的なファンタジーは湧き上がってこなかったけれど、

それらの内容はいつのまにか僕に不思議な安心感を与えてくれたのだ。

これが多分、僕がアメリカに対して強い憧れを抱き出したきっかけだったのだと思う。僕は、大学を卒業してから二年ほどして、母親にいわゆるカミングアウトをした。その頃はゲイリブとかカミングアウトとかという概念は知らなかったのに、そんなことをしたいと思ったのは、この時読んだものが地下水脈のように僕の意識の底を流れていて、突然憤き出したのではないかと思う。

じつは、そんな憧れもベースにあって、僕はアメリカにやってきたのだった。

バーモント州の田舎町の英語学校での三カ月をおえると、僕はすぐさまニューヨークの友人のアパートメントに転がり込んだ。

ニューヨークは不思議な街だった。ここにいると、自分はなんでもできるという気分にさせてくれるのだ。「新しい自分を見つけに！」と意気込んで来たかいが、僕には充分にあった。

毎日のようにミュージカルやバレエを見、美術館や本屋に入りびたった。僕は、お風呂に入れると何倍にも膨れるスポンジのカエルのようだった。なんでもかんでも吸収しまくって、街中をピョコピョコ跳ねて回った。

グリニッチヴィレッジでは、スーパーマーケットの大きな袋を抱えながら、男同士が手をつないで歩いているのを見るだけで、心底感激した。「そうよ！　僕が欲しかったのは、こういうゲイの生活感なのヨ！」

自己表現の面での新しい僕ともすぐに出会えた。たまたま受講したブルックリン美術館のサマークラス「オフルーム・ウィーヴィング（織機を使わない織物）コース」がきっかけだった。コースの最後に、バスを仕立てて市内のギャラリーを何軒もはしごする日が用意されていて、そのギャラリー巡りの中で、僕は「ファイバーアート」というものに出会ったのだ。壁いっぱいに広がる大きな繊維のかたまりに、ヒザが震える思いで接したのだった。「そうよ！　こ、これに出会うために、僕はニューヨークに来たのよ！」

今までにあんなに興奮したことはなかった。

翌日、僕はウールワースで梱包用のジュートやサイザルの縄を買ってきて、すぐに制作に取り掛かり、一週間ほどで1・5メートル四方のウォールハンギングを作った。僕にとって初めてのファイバーアートだった。作品は燦然と輝き、僕は世界に通用するアーティストへの道を約束されているような気分になっていた。

もう僕は日本に帰りたくなっていた。ゲイとしての僕は自分が何を求めているかわかったのだ。「大好きな男と一生連れ添って生活を共にすること」。表現者としての僕もやりたいことが見つかった。「世界に通用するファイバーアーティストになること」。もう僕にはアメリカから学ぶものはなーんにもなかった（いくらニューヨークに行っても、オキラクで夢見る性格は変わらないのであった）。

七カ月のアメリカ暮らし（暮らしというほど長くはないのだけど）にケリつけて、僕は意気揚々と日本に舞い戻った。あちこちで買い漁った美術の本やゲイリブの本と無理やりたたんだ輝ける第一号作品を押し込んだ重いトランクを持って、羽田に降り立ったのは一〇月のことだった（キャー！

羽田よ！　太古の昔って感じね）。

当たり前のことかもしれないけれど、ニューヨークで手に入れた高揚感は日本に帰ってきてから一カ月くらいしか持たなかった。

あんなに燦然と輝いていた第一号作品も自分の部屋に掛けて見ていると、日に日に輝きを失っていった。あせりながら何点も作品は作り続けたが、すぐに金が無くなってしまった。働くしかない。バイトを始めたら、すぐにエネルギーが足りなくなり、作品が作れなくなった。

日本に帰ってきたら、すぐにでも作家デビューできるような気分だった自分の甘さに腹が立って仕方がなかった。実家にいて、親のスネをかじっているからバイト程度の稼ぎで暮らせるけど、これじゃゲイの幸せどころではない。このまま一生バイトをしながら、細々と作品を作り続けるのかしら……。ユーウツ！

二丁目では相変わらず永い付き合いなんて求めている人なんかいなかった（当たり前だ。七カ月しか経っていない！）。ハルミちゃんはハルミちゃんで、僕がいない間にすっかり結婚気分を盛り上げていて、明日にでも結婚したそうな素振り。ユーウツ！

僕は彼女にドンドンそっけない態度をとるようになり、そんな身勝手な自分に自己嫌悪を起こしていた。ユーウツ！

天にも昇る高揚感の反動で、アメリカに行く前よりももっとミジメになってしまい、僕はほとんど死にたいような気分で一カ月ほどを過ごした。唯一の慰めは重い思いをして持ち帰ったゲイリブ関連の本だった。

必要としている情報をちょうどいいタイミングで与えられるのは本当に幸せなことだ。自分で買ってきたとはいえ、この時にゲイリブに関する本をゆっくり読めたのは、僕にとって大きな収穫だった。どこか外国へでも行けば答えが待っているなんて甘いことはもう思えなくなっていた。八方塞がりのこの状態の中で答えを見つけなければならないのだ。ゲイの抱える問題、社会との関わり、自分の抱える問題が、それらの本を媒介にして僕の心の中に、はっきりしたかたちをとって染み込んできた。もう前に進むしかないのだ。

大学紛争の真っ只中にいながらも、僕は見事なノンポリおネェを決め込んできたのだけれど、その僕がゲイの問題（自分の大きな問題）を通して、初めて社会というものを意識したのだった。だんだん元気が戻ってくる中で、もう夢見るシャンソンおかまなんかやってられないという気分になってきた。その代わりに、使命感に燃えたジャンヌ・ダルクが誕生したのだ。

5　スネークマンショーと初めてのパートナー

「こんばんは、タックです。ゲイのみなさん元気でやっていますか？」

毎日午後一〇時四五分からＴＢＳラジオで放送されていたスネークマンショーの水曜日は、いつもこんな出だしで始まった。

スネークマンショーは小林克也と伊武雅刀、プロデューサーの桑原茂一の三人が作っていた、黒ーくてあぶなーいジョークやコントをパトリオットミサイルみたいにぶっ放しながら音楽を聞か

せるラジオ番組だった。桑原氏の選曲のセンスと小林、伊武両氏の創り出す「いけない」世界は、とんがった感覚の若い子たちの絶大な支持を得ていた。

僕は一九七九年から八〇年にかけて、日本で最初のゲイ・パーソナリティとして、その水曜日を担当していた。自分でトピックを選び、原稿を書き、ゲイに関わる様々なことを話してきた。リスナーは圧倒的にゲイでない若い子たちだったけど、ゲイに向かって話しかけるというスタイルをとった。一〇分ほどの話の中で、僕は自分でもうんざりするほど「ゲイ」ということばを連発し続けた。

「日本で初めてのゲイ・パーソナリティ」というのには少し説明がいるだろう。もちろん当時でも、ゲイだと思われていた人で番組を担当していたり、パーソナリティをやっている人はいたのだけれど、ゲイだということを前面に押し出している人はいなかった。ある分野で才能を発揮し、評価されているゲイの人は、自分のゲイの部分に社会のフォーカスが集まるのを嫌う。ゲイであるということで、ほかのすべての部分を色メガネで見られるのを避けたがるからだ。

僕は逆にゲイの部分だけを自分の売りにしていた（ほかに売れるものがなかったからという笑えない現実もあったワケだが……）。

別に失うものもない僕はその一点に絞って自分をアピールし続けた。世の中に一人くらい、自分のことをゲイだと言い続けるパーソナリティがいてもいいじゃないか。それが僕の「ゲイ・パーソナリティ」のコンセプトだった。そんなことをしたいと思う人がほかにいなかったからこそ、僕は日本で初めてのゲイ・パーソナリティになったのだ。

これは、僕なりのゲイリブの一環だった。

一九七五年の暮れ、アメリカでの高揚感の反動的落ち込みの中で、ゲイリブに啓蒙された僕は考えた。作品制作三昧は叶わぬ夢。どうせ働かなきゃいけないのなら、思い切ってゲイに向かって何か発信できるところで働こうと。

まずは『薔薇族』の編集手伝いを皮きりに、『アドン』『ムルム』と、ゲイ雑誌の編集を何年か続けてみた。現実的に読者の要望に応えつつ、採算のとれる雑誌作りを目指すなどということに最初から無関心で、日本中のゲイの洗脳が必要だくらいに考えている、頭でっかちの理想論者には編集というような共同作業は向いているワケもなく、いつも気がついたら弾き出されてしまっていた。

『ムルム』の編集をしていた時にたまたま『ポパイ』が取材に来て、それが縁でポパイに「シスターボーイの千一夜物語」という連載コラムを続けていたのだが、それを桑原茂一氏が見つけて僕に興味を持ってくれたのが、スネークマンショーをやるキッカケだった。

さっきも書いた通り、スネークマンショーはキツーいジョークが満杯の番組だ。桑原氏に番組に出てみないかと誘われたとき、僕は二つ条件を付けた。この番組に僕が出て「ハーイ、僕はゲイです」って言っても、初めは冗談だとしか受けとられないから、できるだけ長く出演させて欲しいということ。そして、ゲイは普通のことだというメッセージをワンノートに言わせ続けてくれるなら、僕はぜひやらせて欲しいと。

こんなに偉そうな条件を付けたのだが、桑原氏は「そうしましょう」と言ってくれた。

かくして過激なスネークマンショーの中に、鬼っ子のような「タック（アメリカでの僕の呼び名）のウェンズデイ・スペシャル」が始まったのだった。

スポンサーとのトラブルで番組そのものが急きょ打ち切りになるまでの一年八カ月の間、実際に桑原氏は約束通りやりたいようにやらせてくれた。

この番組を通じて、小さなゲイリブのグループができたり、それまで二丁目で出会っていたゲイとはちょっと毛色の違った人たちとも知り合えるようになった（永い付き合いなんて言っても、バカにしない人たちとも言う）。

ゲイの未来もそんなに暗いもんではないみたいと、少しは明るく考えることもできるようになってきたのだ。僕のように考えているのは僕一人ではないと言えるシチュエーションが整ってきたからだ。

それに私生活でも、僕は文字通り一人ではなくなっていた。生まれて初めてパートナーと呼べる人間と出会い、僕は二年ほど前から、彼と一緒に暮らしていたのだ。

彼の名前はカズといった。

カズと会ったのは、僕がちょうど三〇歳になった時で、ここに書いている話の流れに沿って言えば『ポパイ』のコラムを書き始めた頃だ。カズは僕より六つ年下で二四歳だった。

当時僕は、ハルミちゃんとの結婚話をご破算にした後、二年越しで付き合っていた彼がいたのだが、その恋愛は一種の膠着状態に陥っていた。

僕は人生の伴侶を切望していた。僕の人生を自分の人生に重ね合せて、将来を考えてくれる人が欲しかったのだが、彼は僕のことは好きでも、そういう対象としては考えてはくれなかった。「先のことはわからない」というのがその理由だ。正直と言えばこれほど正直なことはない。しかし僕が求めていたのは将来の保証ではなく、意志とかビジョンの問題だったのだが、関係が壊れるのを恐れるあまり、彼と深く話をするのをずっと避けてきてしまったのだった。表面的には何も問題のない関係が続いていたのだった。

カズははっきりとこう言ってくれた。「先のことは正直な話わからない。でも僕はタックとずっと一緒にやっていきたいと思っている」と。僕はこのことばに持っているポーカーチップを全部賭けることにした。

「新しい男ができたから、前の男は捨てちゃう!」。自分が二丁目で見てきた一番嫌なやり方を自分がすることになってしまった。

「ま、見てらっしゃい。半年も持たないから」「今度はあんたが捨てられる番よ」いろんな声が聞こえ、二丁目で理想主義の「いい子」で通してきた僕は評判をすっかり落してしまった。

僕は背水の陣でカズとの関係作りに取り組んでいった。

男同士に限らず、二人の人間が人生の伴侶としていい関係を作っていくのは大変な作業だ。しかし男同士の場合は、お互いの気持ち以外に頼りになるものはまったくと言っていいほどない。僕たちは誰からもなんの期待もされていないのだ。僕たちは疲れても、寄り掛かるものさえ持っていない。お互いの気持ちが離れてしまえば、そのまま関係の終わりとなってしまう。手本となるいろい

ろなカップルのありようも知らなければ、目標となるモデルも持っていない。現実的なちょっとした助言で簡単に乗り越えられるような問題でさえ、決定的な別れの要因になってしまう場合さえある。

僕はカズとの関係作りの中で、僕たちゲイの置かれている厳しい環境を否応なく意識させられるようになり、気の遠くなるような思いを何度もした。

しかし文句を言っていても仕方がない。僕はとにかく徹底的に話をするというやり方ですべてを乗り切ることにした。どんな些細な問題でも、気になったことはトコトン納得のいくまで話し合うのだ。時にはバトルのようになってしまうこともあった。居心地のいい関係を作ろうとしているはずなのに、なんでこんなに居心地の悪い思いをしなければならないのかと、自分たちのやっていることがわからなくなってしまうこともたびたびあった。それでも一つ乗り越えるたびに、前よりは少し気持ちのいい関係が手に入るのだという経験が、かろうじて僕たちを前に進めていった。

僕たちは知り合ってから半年後に一緒に住み始めた。

僕の家に直径10センチほどの染め付けの小皿が二枚ある。これは当時二丁目にあった「吐詩」というバーのマスターが僕たちにくれたものだ。そこは二人が付き合い出してから見つけた、僕たちが落ち着いて飲める店だった（何せそれまでの行き付けの店では、すっかり評判を落してしまっていたから）。そこのマスターは、僕たちが一緒に暮らすようにしたと話すととても喜んでくれ、自分の家にある食器をいくつか譲ってくれたのだ。この染め付け小皿はその時のものだ。

「これは祥瑞（しょんずい）模様っていって、おめでたい柄なんだよ。二人でうまくやっていくようにね」とマスターは言ってくれた。

あの時のマスターの励ましとお祝いのことばは心にしみて嬉しかった。もちろん、この染め付けは今でも大切に使っている。

6　タックスノットが始まって

「ねぇ、僕たち、ゲイバーやろうよ！」

カズが突然思いついたように言い出した。僕は自分の耳を疑った。ゲイバー？

「なんでゲイバーなの？」

「だって僕たち、ほかになんかできる？　いつまでもバイト繰り返しているわけいかないじゃない」

「でも僕、酒も飲めないし、二丁目の客あしらいなんてできないよ」

「だいじょうぶよ、酒は僕が飲めるし、タックはしゃべるのがうまいから」

「だからってゲイバーができるわけ？」

「いいの！　やるの！」

カズは論理を組み立てながら話すのは不得意で、なんでも決めるのは直観というやつだった。論理展開は乱暴だったけど、彼の言うことには一理あった。

二人の関係作りはものすごくうまくいっていたけど、僕たちの経済状態はサンタンたるものだっ

たのだ。

ゲイリブに燃えていた気分もスネークマンショーの打ち切りと共に下火になり、『ポパイ』の連載もとっくの昔におわっていた。僕は母親が経営していた中国料理店を手伝いながら、作品を作り続け、カズとの小さな幸せにくるまってほかに何も考えたくなかったのだ。

カズはシャンソン歌手を目指していた。歌は彼にとって一番大事なもので、ほかのことはほとんど関心がなかった。歌に関しては妥協することができず、酔っ払いの前で嫌いな歌は歌いたくないという理由で、何年か勤めていたシャンソニエでの仕事も辞めてしまったくらいなのだ。それなのに僕の方が金がなくても愛さえあればなんとかなるでしょ風にのんびり構えていたものだから、この突然の直観的解決法が浮かんだらしい。

彼は一度言い出したらテコでも動かない頑固なところがあるし、金は全部彼が親から借りてくるとまで言うので、僕もしぶしぶ同意した。

重い腰を上げて動き出してみたら、あれよあれよというまに事が運び、四カ月後には店がオープンしてしまった。一九八二年四月四日のことだった。別におかまの節句を選んだわけじゃなく、この日はカズの誕生日なのだ。

店の名前は思いつきで付けた「タックスノット」（タックの結び目）になった。

こんなふうに冗談みたいな話で、僕たちの店は始まったのだった。

店を一軒持つというのは、一つの自己表現だ。やってみると、それなりにおもしろいところがいくらでも見つかる。自分なりにいろいろなことにこだわって生きてきた経緯もあるので、ずいぶん細かいところまでそれなりにこだわってみた。

タックスノットは、お茶も飲めるギャラリーのような店にしたかったので、できあがった店はあまりゲイバー然としたところがない雰囲気になってしまった。妙に明るいし、いい意味でも悪い意味でも喫茶店のような感じなのだ（初めの頃は、なんかキッチンに座っているみたいとも、よく言われた）。それでも珍しさも手伝ってか、けっこうお客さんが来てくれるようになった。

壁面のディスプレイは月に一度変えることにした。写真集やポスターを飾ることもあれば、お客さんや自分の作品の場合もある（一三年間にずいぶんたくさんのゲイが表現した作品を飾ってくれた）。それから、ゲイのパートナーシップを応援する店にしようとも決めた。もともと僕とカズのパートナーシップを支えるために始めることになった店なのだから、これはタックスノットのコンセプトの重要な部分なのだ。二丁目にデビューしてからずっと、僕がこの街にあってくれたらいいのにと思ってきた部分でもある。

また、そのためにも、ゲイであることを積極的に受け入れることにもこだわってきた。ホモフォビア（同性愛に対する憎悪や恐怖）を持ちながら、他人を愛そうったってそれは無理な話なんだから。何しろゲイリブで救われた経験を持つジャンヌ・ダルクのやってる店だもの、その手の話になると商売そっちのけで口角泡を吹く熱弁を振るってしまうクセがあるのだ（ほとんど欠点だったと思う。お説教バーとか集団セラピーとかもよく言われた）。ま、最近では僕もすっかり丸くなってそんなこともなくなったけど（ホントよ、ホント！　安心して来て！）。

ま、右も左もわからないからできたような、危なっかしいゲイバー経営だったけど、なんとか赤

字を出さずにやってこれたのだから、そんなに間違ってはいなかったのでしょう（このへんは無難にまとめてと）。

こうやって滑り出したタックスノットは、僕とカズの生活に様々な変化をもたらしていった。まず、経済状態の改善は僕たちの精神的な面に大きく作用し、それぞれの自己表現へ本格的な取り組みができるようになった。カズは銀巴里で歌うことを中心に、自分の歌の世界を深めていくようになり、コンサートも開くようになった。僕の方は、モノクロームのファイバーアートから徐々に変化し始め、カラフルでポップな現在の作風へと移っていった。突き詰めて自己表現をと考えなくても、湧きあがるように自分の中から出てくるものを捕まえることができるようになってきたのだ。

パートナーシップについてもよい影響が出てきた。タックスノットの開店は僕たちが付き合い出して四年目のことだった。それまではお互いに向き合って、相手のことを見つめてきたワケだけど、店ができてからは二人が同じ方向を向いて、共通のものを育てていく機会が持てたのだ。これは僕たちに子供ができたようなもので、僕たちの関係を次のステージへとうまく運んでくれたのだった。とことん話し合うというルールも活きていたが、もちろん喧嘩もたくさんした。御多分に漏れず、浮気騒動も何回もあった（店なんかやると、ほかのゲイとの出会いが飛躍的に増えるからね……）。それでも、いつもなんとか乗り越えてこれたし、おおむね順調にことは運んでいった（一緒に暮らして一〇年ほど経つと、こりゃ僕たちも一生ものかなと思えるようにもなってきた）。

僕個人に関わるタックスノットの一番の影響といったら、本当にたくさんのゲイの友人と知り合えたことだろう。多分、これは一生の財産だと思う。

永い関係を続けているカップルがいくらでもいることも知ったし、うちの店でもいくつものカップルが誕生した（もちろん運不運は世の常、続くものもあれば壊れてしまったものもある）。一つの店を作ったら、そこを中心にゲイのコミュニティのようなものもできてくることも学んだ。

二丁目でよいものを手に入れていくと、二丁目そのものの見方も変わってくる。ここは思ったより、ずっといろんな可能性に満ちた場所だと思えるようになった。

考えてみれば、僕はこの街で友情を得、パートナーを手に入れ、働く場所を見つけ、自己表現の場を作り出し、コミュニティを持ち、人生の勉強をしてきたのだ。僕にとって大事なものはほとんどここで手に入れてきたことになる。僕は二丁目に愛を感じるようになってきた。

人生のうちで、順風満帆といった感覚を覚えることはそんなにあることじゃないけど、一九八八年の僕はまさにそんな気分を味わっていた。あんなに欲しがっていた男同士のパートナーシップも一一年目を迎え、作品制作にもアブラが乗ってきて、僕にとって一つの節目となる個展も成功させた年だった。カズも前の年の銀巴里でのコンサートが好評で、次のプランを温めだしていた。

それが、チープなテレビドラマの展開みたいに嵐はやってきた。

その年の秋のおわり頃からカズが体調を崩し始めたのだ。風邪がなかなか治らない。ノドの調子が悪くなる。微熱が続く。やめてよ。まさか。そんなのないよ。

これ以上無視することはできなかった。年が明けるとすぐに、僕たちはＨＩＶの検査を受けに行った。

僕はネガティブで、カズはポジティブだった。

7　二丁目に支えられて

カズは感染がわかってから三カ月で逝ってしまった。何年も入退院を繰り返しながらの長い戦いになると覚悟を決めていたのに、あれよあれよというまに、僕は置いていかれてしまった。

彼はものごとにまったく執着しない不思議な感性の持ち主だったから、生きることにも執着がなかったのだろう。死に方にも、その人らしさというものがあるのだと思った。

確かに、まだＡＺＴなどのエイズ治療薬も認可されていないような頃だったので、病院でもなす術がなかったのだ。

最後の入院の前に、カズは僕にこう言った。

「僕はこのまま死んでも全然構わないって感じなんだよ。やりたいと思ったことはみんなやってきたし、タックともこうやって出会えたんだから、もう思い残すことなんかないんだもの」

こう言い残してくれたことが、僕には唯一の救いになった。

残された者は生きていかなければならない。どんなに天を怨んでも、自分の殻に閉じこもっても、腹を立てても、起こったことは変えられない。

最愛の人の死を忘れることはない。ただ少しずつ、その人のいないのに慣れていくのだ。『トーチソングトリロジー』でアーノルドのお母さんが言ってた。悲しいけれど、その通りだ。

有難いことに、残された僕には、僕を支えてくれるコミュニティがあった。カズの死が、僕にとってどんなに大きな損失かを理解してくれる仲間がいることに、どれだけ救われただろう。みんな細やかに気を遣いながら、手を差し延べてくれた。

パートナーシップは、そのカップルだけで成り立っているのではなく、それをカップルだと見なしてくれる周りとの共同作業で成り立っていたのだ。それがなくなった時に、そこが空白となって残るような、周りを固めているものがあったのだ。僕にはパートナーがいなくなってしまったけれど、僕もほかのパートナーシップを周りから支えている部分でもあるのに変わりはなかった。僕には、そんな役割がまだあるのが嬉しかった。僕もコミュニティの一員なのだ。

毎日のタックスノットの営業があり、自分の作品制作があり、コミュニティは機能し続け、小さなコミュニティがいくつも重なり合った二丁目が今日も動いている。

僕は少しずつ元気になっていった。

元気を取り戻しながら、僕には考えなければならないことが山のようにあった。

パートナーがいて初めて自分は幸せになれると思い込んできた僕は、この年になって振り出しに戻されて、頭の中に「？」がいくつも点滅していたのだ。

これからの僕に、またパートナーと呼べる人が現れるのだろうか？　新しい人との間で、また自分をアジャストさせていける柔軟さはまだ僕に残っているだろうか？　なぜこんなにまで二人であることにこだわり続けているのだろうか？　自分は、一人では十全な感覚を持って生きられないの

だろうか？

これから先、何年生きていくのかはわからないけれど、どんな人生になるにしろ、これからずっと本来の幸せから締め出されたという思いで自分を見ていくのは嫌だった。かといって、一人で生きていくのこそ本来の幸せなのだと思い込んで、今まで大切にしてきたものを否定していくのも嫌だった。そんなかたちで自分を閉じ込めてしまったら、二度と他人に対して心を開けなくなってしまう気がした。僕は二丁目でそういう例をいくつも見てきたのだ。

自分を敢えてバルネラブル（傷つきやすい）な状態においておかなければ、他者を自分の人生に入れ込むことはできないというのが、僕の頑固な持論だ。

僕は四二歳になっていた（厄年とも言うわね）。多分、もう人生の折り返し地点は通り過ぎているはずだ。前にも増して、傷つくことを恐れ、臆病になっている。しかしこのまま、守りの姿勢で生きていくには、先は少し長すぎるのだ。

結局のところ、これからの課題は、今までは対立したものとして捉えていた、パートナーがいて本来の自分を引き出せるという考え方と、一人で生きてこそ十全な自分になれるという考え方の二つを、自分の中に矛盾なく両立させていくことなのだ。

やれるかどうかはわからないけれど、目標が設定できたら気持ちが落ち着いた。今までもやり方がわからなくても、欲しいと思い続けたものはどうにか手に入れてきたのだから、なんとかなるような気がするのだった（タフっていうのは結局オキラクということなのよネ）。

この原稿を書いている現時点で、僕はゲンという新しいパートナーと暮らし始めて一年ほど経ったところだ。カズの七回忌がもうすぐやってくる。

カズの死後、ここに来るまでには、付き合いに関してはいろんなこともあったし、いろんな思いもしてきた（ガ、ガケから落ちて重傷も負ったワ！言っておくけど、これ比喩よ！）。ま、それもこれもみんな今につながっているんだろうけど……。フー。

ゲンは三三歳。バツイチで、別れた奥さんとの間に二人の子供がいる。男らしくあるということに彼なりにこだわってきた、僕とはまったく違った生き方を選択してきた人間だ。いろいろな経験を通して自分と違ったタイプの人間に対しての許容範囲が広がった結果、パートナーとして選び合えたようなものの、二〇年前ならお互いに接点の持ちようのなかった二人だ。長く生きているのも悪くないと思える出会いだった。

彼は、僕と付き合い出してから、一四年勤めた会社を辞めて水商売に飛び込んできてくれた。彼なりの人生へのケジメのつけ方だったのだろう。タックスノットを一緒に一年ほどやってから、今は彼も「ゲンパパ」という自分の店を持つに至った。どうせ水商売をやるのなら、それぞれの個性を活かしたかたちでやろうと相談した結果だ。問題はとことん話し合うというやり方は、今でも踏襲している。

「ゲンパパ」は、やはり彼の自己表現の一つだ。ゲイバーならこうあって欲しいと思う雰囲気が作り出されている。それは、タックスノットがよくも悪くもサロンのような感じがするのに対して、むずかしい話は抜きにして徹底的に楽しく酒を飲める場所であり、かなり性的なドキドキが感じられるような演出が施された場所だ。それは、彼なりの賛否両論を含めた一つの答えなのだ。

僕も彼の店のやり方を見て、二丁目におけるタックスノットの位置のようなものがつかめた気がしている。

最近、頭の中で点滅していた「?」の一つが消えた。

「どうして僕はこんなに二人で生きることにこだわり続けているのだろうか」という「?」だ。これはけっこう長い間疑問に思っていた問題でもあった。

同性愛に対する劣等感を「至高の愛」で穴埋めしようとしているのか。単にヘテロの恋愛観に縛られているだけなのか。自分の育った不完全な家庭から受けたトラウマのせいか。考えすぎのきらいのある僕は「二人でいる」ことにこだわるのを一種の強迫観念だと考えて、その理由をあれこれ考えてきた。理由はみんな当たっているような気がした。

多分、二人でないと幸せになれないと考え始めた頃は、すべての理由が影響を与えていたのだろうと思うが、それだけでこんなに続けられるものだろうか? 超ラッキーな人を除いて、男同士での永い付き合いに挑戦したことのある人ならわかると思うけど、その苦労は並大抵ではない。最終的には自我と自我のぶつかり合いで抜き差しならない状態に陥ってしまうのだ（男と女だってなんのサポートもなければ同じ結果になるんだろうけど）。そして、そのぶつかり合いを避けているだけでは関係は続かない。唯一の解決法は、ぶつかっている自我同士の境界を双方の譲り合いの中で変更していくしかない。これは恐ろしく痛みの伴う作業だ。恋愛という麻酔の効いているうちならまだいいが、麻酔が切れてからこそが真価が問われる本番だ。どうしてそんな苦痛から逃れようとしないのか？

僕がたどり着いた理由はあまりにもシンプルだった（怒らないでね）。

「僕ってそういうのが好きなのよ！」

これだけ大仰に問題振っておいて、そんなのが結論!? とか言う声が聞こえてきそうだけど、僕が一番納得できた答えはそれだった。

例え話を使うのは、いつもとても危険なことだけど、パートナーシップの関係作りは一種のスポーツみたいなものだ。

始めたキッカケはトラウマとか劣等感克服だったかもしれないけど、実際に関係を深めていく作業をしていくうちに、その苦痛も含めて、その作業そのものが好きになってしまったのだ。

僕は人一倍自我の強い人間だから、この人と一つになりたいと思うような魔法でも効いていないと、自分の自我の境界を動かしたり、自分のデリケートな領域に他人をズカズカと入ってこさせるなんてことはできない。別れたくないばかりに、精神的に苦痛を伴う作業をやっていると、自分が確実に変化していくのがわかる。それがおもしろくなってきたのだ。

もちろん、その作業の結果も望ましいものだし（双方にとって、一番理解してくれる人間ができあがっていくのだ）、苦労しただけの達成感もあるからやり続けられるのだけれど、その作業そのものにもおもしろさを感じられるようになったということだ。

ジムで身体を鍛える人もいる。そういうことに興味のない人には、どうして苦痛を伴うことをし続けているかは理解できない。自分に合った負荷を肉体にかけることで、自分を変えていけるおも

しろさを知ってしまうと、身体を動かし続けていることにも喜びを感じられるようになるし、身体を動かさないと気持ち悪いと感じるようにさえなる。

精神の筋肉だって同じなのだ。使わなければ衰えるし、負荷を与えすぎれば壊れてしまう。適度な負荷を効果的に与えることで発達させることもできる。

柔軟で強い自我を作り上げるのに、男同士のパートナーシップ作りは、僕にうってつけのトレーニングだったというワケだ。

厳しい環境では精神も自然に鍛えられるけど、現代はできるだけ自我同士がぶつかり合うのを避けるようになってきているから、敢えてトレーニングでもしないと精神力がドンドン落ちていってしまうのよ！　僕はいつのまにか大きく育った精神の大胸筋をナデナデしながら、ナルシスティックに微笑むのであった。

こんなふうに思うようになったら妙に気が楽になって、安心して男同士のパートナーシップにこだわれるようになった。僕はタックスノットを、いわばパートナーシップ作りというスポーツの同好の士の集まるバーにしたいのかもしれない。

二丁目にはSMの好きな人の集まる店もあれば、筋肉美を好む方々の集まる店もあるのだから、精神の筋肉美を求める人の集まる店があったっていいじゃない？

身体を鍛えて、素敵な彼が見つかったら、タックスノットにいらっしゃい。あなたに合ったトレーニングメニューくらい作ってあげるから……！

二十八年後の蛇足コメンタリー2

第二章は僕のライフヒストリーのようなものをまとめた章でしたので、ここでもその後の僕の人生の変化を書きたいと思います。

僕は今年で七十五歳、リッパに後期高齢者になりました。

まず一番大きな変化は、今はシンジというパートナーと暮らして二十年になります。「あらゲンちゃんとはどうなったの?!」と興味がある方は、二〇〇九年に『二人で生きる技術』(ポット出版)という本を上梓しています。その中に詳しく書いてありますのでぜひお読みください(するっと宣伝!w)。

シンジは二十四歳年下で、都の職員をしています。去年、二人で東京都が導入した「パートナーシップ宣誓制度」に届け出をしました。この制度は、いわゆる結婚制度のように法的は拘束力はなく、象徴的な意味合いの大きいものですが、同性婚が可能になる状況への第一歩としての意義を祝って届け出をしました。僕たちは自分たちの生活を守るために養子縁組をしているのですが、今回の都のパートナーシップ宣誓制度は、養子縁組をしている同性カップルを排除しないと謳っていて、目配りが利いているのです。結婚と同様に慶弔休暇が取れるので、二月には二人で長崎旅行に行って

きました。ノンケってこんなこと普通にしてたのね！　これが可能になるとは、二十八年前にはまだ想像できませんでした。時代はやっぱり前に進んでいます！
僕は現在タックスノットには週一回金曜だけに入っています。それ以外の日は毎日日替わりのスタッフで回していますので、定休はありません。毎日店の雰囲気が違う営業形態ですが、「それでもタックスノットらしさは底に流れている」とは長年通ってくださっているお客様の言葉です。
三年前に大動脈解離で救急搬送され、ありがたいことに手術がうまくいき、後遺症もなくその後も普通に暮らしています。この病気は半分の人が亡くなるんだと、あとで聞いてゾッとしました。これからも無理はしないで、ゆっくり生きていこうと思っています。まだまだ造形作品も作っていきたいし……。
タックスノットは開店以来、様々なゲイのアーティストの作品を月替わりで展示してきましたが、命拾いしたことをきっかけに、店内には僕の作品のみを展示するように変えました。あそこに行けば大塚隆史の作品がいつも見られるという場所が世界に一カ所くらいあってもいいかなと思うようになったのです。良かったら見にきてね。

第3章 欲望は二丁目のエンジン

1 あなたもアナルちゃん

ゲイとノンケはどこが違うのだろう?

簡単に言えば、性的な対象が異性か同性かの一点しかない。あとは個々人の間に個性の違いによる差があるだけだ。二人のゲイが何万光年も離れている場合もあれば、性的指向を除けば、ほとんど似たようなゲイとノンケもいる。しかし、それぞれが抱えている状況の差が、似たようなゲイとノンケのイメージ上の距離を恐ろしく引き離してしまう。

異性愛は正常で望ましいもので、同性愛は異常で忌むべきものと考えられている状況が、両者をまったく別の世界に住んでいるように思わせてしまっているのだ。

なんらかの成行きで「趣味でもない」女性と結婚してしまったノンケと、親や社会のプレッシャーで仕方なく結婚してしまったゲイがいるとしよう。結婚生活に性的な喜びを期待してないという点では、両方とも状況は大差ない。

そういうノンケがたまの出張先のソープで日頃の性的ウップンを晴らすように、ゲイの方もハッテン場に行って同じようにウップンを晴らすこともできる。

しかし両者が同じようにウップン晴らしをしても、決定的に違ってしまうのは、ゲイには常に恐怖感が付きまとっている点だ。「もしバレたら」ノンケは家庭争議で済むかもしれないが、ゲイは人生が狂ってしまう可能性が大きい。離婚の危険性や、会社や親兄弟にまで知られる心配、自分の持っているコミュニティからつま弾きにされる不安さえあるのだ。周囲との衝突を避けるために結婚を選択したゲイにとって、これほどの恐怖はない。

そういう恐怖感が、ウップン晴らしの行動を遠ざけたり、逆にそのことをいつも意識させたりしてしまう。どちらにしろ、そんなゲイにとって性的なことは禁断の甘い罠でしかない。

ノンケの方は、少しずつ垂れ流し的に性的欲求不満を解消させる社会的システムが用意されているので、それほどのエネルギーを自分の内部にため込まずに済むが、恐怖感で出口を塞いだゲイの内部にたまった性的エネルギーの圧力はノンケとは比べものにならないほど大きくなってしまう。

新しい男女関係を求めて試行錯誤するノンケが少ないように、自分の生きたいように生きていこうとするゲイはほんの一握りしかいない。一般のノンケと変わらない生活を守りながら、内部にため込んだエネルギーをどこかで放出する機会を持ちたいと思うゲイの方が圧倒的に多いのだ。

当然二丁目にも、そういうゲイの数の方が多い。それも自制心では抑えられないほどの性的エネルギーを持ってしまったからこそ出かけてくるのだ。

ここは、一般の社会の中では手に入らない、性的エネルギーの放出（セックスだけの意味じゃないのよ！）が許される数少ない場所の一つなのだ。

パンパンに膨らんだエネルギーが小さな出口を見つけたらどうなるか？　ものすごい勢いでそこから噴出するはずだ。

今のようにゲイに関する情報やエンターテインメントが少なかった時代に出発した二丁目は、やっと見つけた出口から噴き出すゲイの強烈な性的エネルギーを吸収して大きくなってきた街だ。そして、いつの時代も性的好奇心に溢れた、やりたい盛りの若いゲイたちが次々にやってくる。ここではすべてが過剰なほど性的なものに彩られているのが伝統なのだ。

こんなわけで、二丁目はセックスとセックスにまつわるものが常に突出しているし、それが一番重要なところなのだ。二丁目を理解しようとする時には、この現実とその理由の両方を押さえておく必要がある。

二丁目はゲイの集まる街だ。ということは、この街で唯一全員が共有できるものといったらセックスとセックスにまつわるものだ、という意味でもある。そこで、どの店でもセックスが話題の中心となりやすい。逆に、それが一番無難な話題とも言えるのだ。

僕の店の場合もそうだけど、新しい客が来た時に、店の人が聞くことといったら、どこでもだいたい似たり寄ったりになってしまう。

「二丁目ではどんな店に行くの？」

「二丁目で遊びだしてからどのくらい経つの？」

「どんな人がタイプなの？」

ま、このあたりが最もポピュラーな質問だから、新しい店に行くたびに同じことを聞かれていささかウンザリしてしまう経験を持つ人も多いはずだ。

こんな陳腐な質問も、じつはみんなその人のセックスの好みにまつわる話を聞き出す手っとり早い方法なのだ。

新しい客が席に着くなり「あんたどんなセックスが好きなの?」とか聞いても、初対面でそんなにアケスケに答える人はまずいない。それにこっちも、なんというエゲツない店だと思われるのも嫌だし……。

これは、病院に行くと、初めに既往症とか薬のアレルギーの有無などを用紙に書き込まされるのと同じようなもので、一種の通過儀礼みたいなものだと思っていただきたい。

「どんな店に行くの?」という簡単な質問の答えからでも、その人のイメージがある程度は引き出せるのだ。

その人が「AとBとCにはよく行ってる。あとたまにDかな」と答えたとすると、こちらは「ふーん、この子はちょっと太めか筋肉質の年上のヒゲ男とSMっぽいセックスしたいのかもネェ」くらいの情報は得られる。店の名前を聞けば、その店がどんなイメージかある程度はわかるからだ。

うちに来ている客で、ほかの店で「どこに行くの?」と聞かれても、タックスノットの常連だってことは秘密にしてるという人がいた。

僕「なんで隠すのよ!」

客「だって、ここに来ているって言うと、けっこう気取り屋で理屈っぽいタイプってレッテル貼られちゃうんだもの。そんなことになったら、もうモテなくなっちゃうもん」

僕「……」

客「だから僕は隠れタックスノットなの！」

僕「ねぇ、うちってそんなに評判ひどいの？」

客「……」

店のイメージでその人をカテゴライズする方法は両刃の剣なのだワ。

最初のやりとりで緊張がほぐれてきたら、次に「どのくらい来ているか」でその客の二丁目での経験量を推し量り、「どんなタイプが好きか」で第一の質問では充分に得られなかった細かい好みの分析に入っていくことになる。

ある程度の情報が引き出せると、店によっては「ねぇねぇ、あなたによさそうな人がいるんだけど一度会ってみない？」と持ちかけてくれる場合もある。そういう店の人の頭の中には高速のお見合い用ソフトがインストールされているのだ。

こんなさもないやりとりでも、性的な好みに関する情報だけでなく、当然、その人の持ってるキャラクターも一緒に伝わってくる。

毎度毎度同じことを聞かれてウンザリもしてるだろうけど、少しはサービス心を持って話してくれれば、店の方としてもその客に対する点数がグッと上がるというものだ。それに引き替え、何を聞いても「はぁ」とか「まぁ」くらいしか言わない客だと、無口な勝ち力士のインタビューじゃあ

るまいしって気がして、話をする意欲が失せてしまう。

黙っていても周りが放っておかないほどのいい男でもない限り、ある程度の社交性は身に付けたほうがお得だと思いますワ。

うちの客で、ある店に初めて行った時に、けっこうノってあれこれ話しているうちに酒の酔いも手伝って、つい「僕アナルをなめられるの好きなんだ」とか言ってしまったら、次に行った時には「アナルちゃん」というあだ名を付けられてしまっていたとか。おまけに、知らない客から「あぁ君がなめられ好きのアナルちゃんなんだ」と言われて大恥かいたとコボしていた。

二丁目は、回遊によるウワサ伝達が発達しているから、一度付いたイメージはなかなか消せない。心を開くのもいいけど、店の雰囲気つかまないうちに全開させちゃうと、あなたも第二のアナルちゃんになってしまうかも……。お気をつけて!

2 イロリ端で聞く恐い話

テレビの動物番組が好きでよく見る。

産卵のための鮭の遡上の様子なんかは、ヘタなドラマより胸に迫ってくるものがある。何カ月も餌も食べずに旅を続け、幾多の困難をくぐり抜けて、自分の生まれた場所にたどり着いた頃には体中が傷つき、背ビレも尾ビレももうボロボロだ。

最後のエネルギーを振り絞って産卵と受精を済ませると、鮭は力尽きてただ死んでいくだけだ。

使命を果たし終えた鮭が浅瀬に腹を見せて横たわっている画面を見ると、自己保存本能を圧倒し、再生産へと駆り立てるエネルギーの凄さに一種の畏れさえ感じる。

ほとんどの行動が本能から切り離されてしまった人間にも、何もかもを圧倒し、本人にはとてもコントロールできないエネルギーの奔流が溢れ出す回路だけは残っているようだ。

その回路は、恋愛を含めてセックスにまつわる対象を手に入れようとする時にスイッチが入ることが多い。はまってしまった恋愛で、まったく自分ではコントロールできず、食事もノドを通らないといった経験をした人は、あのエネルギーのパワーを思い知らされたはずだ。あなたは今鮭になってしまったのだ。

この大きなエネルギーの流れをうまくシフトさせて、人間は様々なものを作り出してきた。使命感に燃えた行動、説明のつかない情熱や執着、芸術への献身、宗教的な自己犠牲も、みんなこの性的エネルギーを転化させたものにすぎない。文明は性的エネルギーがかたちを変えたものなのだ。

性的なものに信じられないようなエネルギーを使う人がいる。これも、もともと性的結合のために用意されていたエネルギーが最も近い回路に流れ込んでいるだけだから、当然といえば当然だ。青の洞門を貫通させるほどのパワーを性的なことに注ぎ込めば、他人には信じられないようなことさえできてしまうのも不思議ではない（なんか例えが変かしら?）。

週刊誌などで、裸でネクタイを首に巻いて死んでいた男は、じつは自分の首を絞めながらマスターベーションをしていて一線を超えてしまったらしいなどと書いてあるのを読むと、僕は浅瀬で死んでいる鮭の映像を思い出してしまう。

鮭の方は子孫繁栄のための自己犠牲だから崇高で、ネクタイ男はトンマな変態だから最低だとは僕には思えない。鮭にしても、ネクタイ男にしても、本人には（本鮭か？）理解できない激情に突き動かされた結果でしかないのだ。

二丁目にも性的なものにのめり込んでいく人は多い。

昔、あるバーのカウンターで、フィストファックが好きだという若い子に隣り合せたことがあった。二〇代後半の小柄なおとなしそうな子だった。

隣りに座っていたその子が僕の手を見て、「小さいけどいい手してるね。これだったら一五分くらいで入るな」と言い出したのがキッカケで、いろいろ聞かせてもらうようになったのだ。

当時、アメリカのゲイポルノではフィストファックものを何度も見たことがあったし、「手なんかもう当たり前。足を入れてるのを見たことある」とか「いーえ、それどころか頭も入れるって話よ」なんて話題も聞いたことがあったけど、それは遠いアメリカの話で、まさか日本で実践している人がいるなんて知らなかったので、すっかり興味を持ってしまったのだ。

彼はちょっと大きめのスポーツバッグを持っていて、話しながら次々にいろんなものを取り出して見せてくれた。

初めに出てきたのは、大きな浣腸器と500CCくらいの浣腸液が入ったビニールパックだった。今までにイチジク浣腸しか見たことのない僕には、アメリカ製の浣腸液パックはなにか「本・格・的」といった雰囲気を感じさせた。

まずはその浣腸で直腸内をきれいにしてから、温かいシャワーを当てながら肛門をゆっくりマッサージするのだそうだ。

「僕はまだ初心者だから、これがけっこう大事なんだ」と彼は真面目な表情で言った。

次にバッグから取り出したのはクリスコ。お菓子作りをしたことのある人にはおなじみのショートニングだ。それを相手の手にたっぷりと塗ってもらい、指一本から始めて、二本三本と増やしていくのだそうだ。そして、ゆっくりゆっくりと肛門を広げてもらい、手の一番太いところが通るのに二〇～三〇分はかかるという話だった。

「それって、やっぱり快感なの？」

「苦しいことは苦しいから、普通の意味での快感とはちょっと違うんだよね。何か宇宙に浮かんでるって感じ。宇宙とファックしてるって感覚かな」

「そ、そうなの……」

最終的には理解できない僕は頭がクラクラしていた。

特に彼が好きなのは、腕を抜いた後に、相手に酒を口に含んでもらい、ゆるくなった肛門からその酒を直腸内に吹き込んでもらうことなのだそうだ。

「急にカーッと体中が熱くなって、あんなに気持ちのいい酔い方ってないんだよ」

その時その時で吹き込んでもらう酒を変えてると言いながら、彼がバッグから取り出したのはなんと杏露酒の小ビンだった。このバッグはメリー・ポピンズの鞄にも負けない。

「これはまだ試したことないから、今日のために持ってきたんだ」

「これからやるわけ?」

「うん!」

今からボウリングにでも行くように、そそくさといろんなものをバッグに納め直して、彼は帰っていった。

彼のあまりにも淡々とした話しぶりのせいか、嫌悪感をまったく感じなかった僕の率直な感想は、「杏露酒じゃベタベタして気持ち悪くないかなぁ」ということだけだった。

二丁目のバーでは、ある意味で性の達人みたいな人がよく話題にのぼる。

そういう話は、次から次へと回遊する人の口を通じてあちこちの店に広がっていくのだが、どこの店でも話芸にたけた語り部がいるので、そのうち少しずつかたちを変え、洗練度を増していく。いつのまにか二丁目のあちこちには、どこからどこまでが本当なのかわからないような伝承話が存在するようになった。

そういう話を丹念に拾っていけば「二丁目遠野物語」くらいはすぐにできあがるだろう。

客の動きがあまりなく、それほど忙しくない日に、店のマスターにせがんでそういう話を聞くのが僕は大好きだ。それは、大雪の日にイロリを囲んで、お話がいっぱい詰まったお婆さんに恐い話をおねだりするのに似ている。

僕が聞いた話の中で、一番恐い話を紹介しよう。

若い男の子の精液にいたくご執心の男がおったそうな。

その人は仕事の関係で日本中のあちこちの高校を訪ねることが多かったそうだ。彼は仕事を終えると、すぐに授業中で誰もいない男子トイレに急ぐ。若くて精気に満ち、やりたくてやりたくて爆発しそうな年頃の男の子は、よく学校のトイレでもマスターベーションをするのだそうだ。

彼は男子トイレの個室を一つずつ丹念に調べていく。壁をよく見ていくと、勢いよく飛んだ新鮮な精液がついていることがあるのだそうな。彼はその精液をそっと指にとり、臭いをかいだり味わったりしながら、若さを持て余すたくましい高校生のマスターベーションを思い描くというのだ（このあたりで聞いてる客の顔はゆがみ、目は点になっている）。

しかし、壁に残っていない時は仕方がない。今度は便器の中をじっくりと見ていく。昔の田舎の学校ではほとんどが汲み取り式で、時によっては手を伸ばせば届くくらいの高さまで内容物が盛り上がり乾ききっていることがあるらしい。その上に今発射されたばかりの精液を見つけると、やっと見つけた喜びを噛みしめながら、彼は便が付かないように注意深くその精液だけをそっと指にとり、臭いをかいだり、味わったりして……。

もう店内は大騒ぎだ。

「もうウソばっかり！　そんなことしたら病気になっちゃうじゃない」

「あらホントよ。本人から聞いたんだもの。それに、二回くらい腸チフスにかかったことあるんだって。でも好きなことは止められないんだって」

客一同「……」

ビリーブ・オア・ナット！　二丁目に長く関わってると、世の中って鮭に負けないような人がいるんだってしみじみ思うようになる。

3　スーパーボールが九個も

小さな会話中心のバーだと、居合せた全員が一つの話題で盛り上がり、独特の一体感に包まれた楽しいひとときが出現することがある。

いつもは二〜三人のグループがそれぞれの好みのトピックを話しているので、あっちでは映画の話をしているかと思うと、こっちでは母親にゲイ雑誌が見つかったなんて話をしている、といった具合にバラバラなのが普通だ。

誰かの話がおもしろいと、そのグループのほかのメンバーは聞き役に回り、静かになる。その話が思いがけない展開をし始める頃には、隣のグループが聞き耳を立てて静かになるといった感じで、いつのまにか一人の話を全員が聞いているという状況が生まれることがあるのだ。

そのうちあちこちから質問が飛び出し、その話し手は自分の話を初めから詳しく話すことになる。こうなると、もう独演会と言ってもいい。

それが聞き手の期待したように充分おもしろければ、彼はその夜のベストスピーカー賞の受賞者だ。誰かから「いやぁおもしろかった。マスター、あの子に一杯あげて」なんて声が掛かり、名誉のドリンクが提供されることもある。

こういう短い間にしろ店が一つに溶け合うのは、僕にとっては嬉しい時間だ。独演する客もちょっとした主役気分が味わえるひとときになる。

前にも書いたように、二丁目で唯一の共通項はセックスだから、こういう時の話の内容はどうしても性体験に関するものの方が多くなる。それも、なまじのことでは驚かなくなった海千山千が多いから、かなりハードな内容か奇抜な体験でもないと全員の関心を引くのはむずかしい。

ルナちゃんはその点で実に独演会向きの子だった。話しっぷりもなかなかおもしろいのだが、その体験内容の過激さが群を抜いていたのだ。一時はルナちゃんというニックネームの前に必ず「あの」が付くほどタックスノットでは有名な存在だった。

ルナちゃんは強烈な個性の持ち主で、自分の大きなエネルギーを少し持て余し気味で、そのエネルギーをうまく使いこなすことがまだできないような子だった。感情の起伏が激しく、人に何かを押し付けられるのが死ぬほど嫌いだった。

障害者のためのボランティア活動に励んでみたり、大学の手話サークルに属しては手話でおネェことばを使いまくり、ノンケの聾者に不気味がられたりする一方で、「大嫌いな警察権力の手先」である警察官に機会を見つけてはからんでみたり、愛読紙の赤旗に投稿してみたりするという二丁目ではあまり見かけないタイプだった。

映画や演劇が大好きで、文科系のおネェさんの王道を行くかと思えば、突然ボディビル(トレーニングジムじゃない!)を始めてムキムキになったり、急に豹柄のボディスーツを着てエアロビクスに夢中になったりと、いつも人の意表をついた行動に出るのだ。

いつも何かにのめり込んでいて、そして急激に厭きてしまう。そんなことを繰り返しながら、いつも真剣に何かを求め続けているルナちゃんを、僕は気に入っていた。

そのルナちゃんがうちの店で独演会を続けていた頃は、彼のエネルギーがセックスに怒涛のように流れ込んでいた時期だったのだろう。

いつか本当にやりたいことを見つけたら、この子はけっこうデッカイことしてくれるんじゃないかと期待しながら、僕は彼の性体験話をコワゴワ楽しんでいた。

……ある日。

「最近、たまに会ってセックスする人がいるんだけど、その人が人のお尻にいろんなもの入れて遊ぶのが好きなの。で、僕のお尻に何か突っ込みたいって言うので、何にしようかって話になったわけ。スーパーボールってあるじゃない。ピンポン玉くらいの大きさですごく跳ね返るやつ。あれなら入ると思ったから、それにしようってことになったのね。

伊勢丹のおもちゃ売場とかで聞いたんだけど、どこにも売ってないのよ。どうしようなんて話しながら、なんとなく屋上に行ったら、昔の縁日でよくあったヨーヨー釣りがあったの。そしたら、その水槽の中にちょうど探しているようなスーパーボールがたくさんあるじゃない。大喜びで、それを売って欲しいって頼んだんだけど、売物じゃないからダメだって言うの。一体何に使うんだって聞くから、急にタックさんのこと思い出して、オブジェを作っているんだけど、作品にどうしても使いたくてずっと探してたって言ったら、譲ってくれることになったの。とっさのことなのに、我ながらいい口実を思い付いたと思うワ。で、九個売ってもらったの。

彼の家に帰って、バスルームで早速試してみたのネ。彼ったらニヤニヤしながら、ああこんなに入っちゃったとか言ってドンドン入れてくのよ。

そりゃ恐かったわよ。出なくなったらどうしようとか思うじゃない。でも、結局全部入っちゃったの。

で、今度は思いっきり出せって言うから、彼によく見えるようなポーズで思いきり力んだら、ボールがすごい勢いで飛び出してきて、それが狭いバスルームの中でポンポンポンポン跳ね返って壮観だったわよぉ！

(聞いている僕たちの頭の中に、ルナちゃんのお尻から勢いよく発射された九個のスーパーボールがいつまでも壁に跳ね返り続ける映像が浮ぶ)

ボールを数えたら八個しかないのよ！　奥に入りすぎて出なくなっちゃったんだって思ったら、僕パニック起しちゃって大騒ぎだったの。でも落ち着いて、よく探したら便器の陰に一個隠れてたの。恐かったわー！」(恐がるくらいなら、最初からやるなーっ！)


……また別の日。

「最近、Q2ダイヤルにこってて、SMやる子と連絡とってセックスしてるんだけど(今度はSMーッ?)、この前真夜中の公園に連れてかれたのね。

その公園には小さな池があって、その周りはホントに真っ暗で全然人がいないの。そこで真っ裸

にされて、首輪させられて、鎖つけられて犬にされたのよ。もちろん犬だから、四つんばいで歩かされるのね。もし人が来たらどうしようなんて思って、なんだかドキドキしてすごくコーフンしてたんだけど、そのSの子って、それ以上のワザ思い付かないらしくて、いつまでたっても池の周り連れ回すだけなの。SMって、こんなことさせられて次は一体何が起るのかしらって期待がパンパンに膨らんだ時に、タイミングよく思いがけないことさせられるっていうのが醍醐味なわけじゃない（そ、そうなの…?）。こっちは白けてきてるのに、相手は一人で勝手にコーフンしてるの。深夜の犬の散歩じゃあるまいし、芸がなさすぎるのよ。手足は疲れてくるし、そのうち僕、腹立ってきちゃって、さっさと服着て帰ってきちゃった。

池の周りだから蚊が多いでしょ、体中喰われちゃっててカユイったらないの。もうサンザンだったわ！　やっぱりイマジネーションの貧困なSって最低ね」

（Mこそ女王様なのね……）

……またまた別の日。

「タックさん、僕、しばらく出張売り専のバイトやってたの」

「な、なんでー?」（今度は売り専……！）

「やったことなかったから、とにかくどんなものか試してみたかったの」（どこまで無茶するか……）

「でも、この御時世にそんなことして、病気は大丈夫なの？」

「ダイジョーブ！　登録する時にS専門だってことにしてあるし、セックスの時には必ずコンドーム使うもの。でも、どっちにしてももうやめることにしたの。精神的にすごく消耗するんだもの」

（そりゃそうでしょ！）

「じつは、この前何人目かのお客さんの家に出張したんだけど、その人って七〇歳くらいの外人だったのよ。日本語はペラペラで、けっこうゴーカな家に住んでるのネ。書斎みたいなところに通されたら、床に大きなゴムシートが敷いてあって、その上に縄とかムチとか浣腸とかが置いてあるのよ！　それでその外人ったら自分のことをジュンって呼べって言うの。どうやら本人は一七〜一八歳の若い男の子のつもりらしいのよ。僕もう頭がクラクラしてきたけど、注文通りにスッパダカにして、縛って、浣腸して、ムチで叩いたわよ。

その外人って、シワシワで痩せこけてて体が小さいの。なんだか壊れそうで、コワゴワ叩いてたら、『もっと強くぅ』なんて言って、ゴムシートの上で嬉しそうに身悶えてんのよ。見てたら、なんだか無性に腹が立ってきて、だんだんコンチクショー、コンチクショーって力いっぱいひっ叩きだしちゃったのよ。そしたらその外人が甘ったるい声で『ジュンは初めてなんだから、もっと優しくしてぇ』って言うじゃない。それ聞いたら、なんだか力抜けちゃって、僕こんなところで何してるんだろって白けてきて……。その時、あぁこれで最後にしようって決めたの」

「とにかくやめる気になってよかったわよ。でもそこまでやったら、ルナちゃん、もうほかにすることないんじゃない？」

「まだあるわよ！愛のあるお付き合い。これって僕にとってまったくの未開拓ゾーンだから、い

つかはものにしたいの！」

「……」

ルナちゃんはそれからしばらく顔を見せなかったのだけれど、ある日電話が掛かってきた。

「タックさん元気？　今ね、一九歳の子と付き合いだして一緒に暮らしてるの！　でもお付き合いって大変ねぇ。すごく充実してるけど、今までいろいろやってきた中でこれが一番シンドイわぁ！」

4　トッピングは御自由に！

「二丁目に捨てるゴミなし」ということばがある。

ゲイの好みはいろいろあるから、箸にも棒にもかからないようなタイプでも（ヒドイ言い方ネ！）そういうタイプを好きなゲイが必ずいるという意味で、ゲイの性的好みの多様性を言い表した奥深いことばなのだ！

最近まで続いたゲイブームのせいで、女性週刊誌にまで「デブ専」とか「フケ専」なんて業界用語が紹介されるようになった。ノンケの目には、そこまで細分化されたセックスに関する好みやこだわりが奇異に映るのか、ゲイ特集などでは用語説明などのかたちで必ずと言っていいほど取り上げられてきた。

確かに、二丁目に集まる人たちの性的な好みは実に多種多様だ。

太ったのがいいとか、筋肉質がいいとか、若いのがいいとか、熟れてなきゃダメだとか、せめて初老くらいまでは行っててくれないととか、体型や年齢に限っても実に細かく分かれている。それも太っているのがいいと言っても、お相撲さんタイプとラグビー型とポリネシア風デブとではまったく違うのだ。そこに顔の好みから背の高さ、体毛の有無、身のこなし、話し方までが加わって、他人にはうかがい知れないその人だけの「ホンリソー」がイメージされている。

タローちゃんという客は、裸になった時に相手がブリーフでなくトランクスをはいているだけで気分がそがれてしまうそうだし、ハマちゃんは、おむつ取り替えスタイルでバックをされる時に相手が黒いサングラスをしてくれるとよりコーフンするそうだ。ある子なんて、セックスする時に相手が黒いゴム長靴を履いててくれたら言うことないとまで言っていた。

ここまで極端でないにしろ、みんなそれなりにたくさんの小さなこだわりで組み立て上げた性的ファンタジーを持っているのだ。そのファンタジーのヴァリエーションの多さは、熱帯雨林の豊饒さも真っ青だ。

ゲイの性的な好みがどんどん細分化して多様になっているのは、やはり性的な接触の機会が多いからだろう。子供ができてしまう心配もなく、セックスをすることで面倒な人間関係が生まれてしまうのを避ける人が多い（今の日本では、ゲイの部分を切り離したかたちで日常生活を送っている人の方が圧倒的に多いからネ）というゲイ特有の土壌では、病気に気を付けて、多淫はいけないという倫理観を乗り越えさえすれば、はっきり言ってやりたい放題なのだ。そして、数をこなしていけば

いくほど自分の中の欲望のかたちがどんどん明確になっていく。

ノンケの男だって、彼らを制約している（ホントは、彼らを守ってもいるんだけど）ルールがなくて、セックスやりたい放題のチャンスがあったら、ゲイ顔負けの好みの細分化が起ってきていたはずだ。ノンケ向けのポルノやオタッキーなノンケがはまっているパソコン美少女ゲームを見れば、手に入りさえすればいくらでも細分化していく男の欲望のありようがうかがい知れる。

逆にゲイの方でも、経験の浅いうちは、そんなにタイプが限定されていないことが多い。なんとなく兄貴っぽいのがいいとか、弟のような感じがいいとか、頼れる父親タイプがいいとかのイメージしかないのが普通だ。初めての時などは、相手が男だというだけで充分興奮できてしまうくらいなのだ。

そんな初心者も、しょっちゅう君はどんなのがタイプだと聞かれ続け、タイプじゃないからとセックスを拒否されるという経験を重ね、実際のセックス体験を積んでいくうちに、タイプを限定してセックスをしていくというゲイの文化に適応していくようになる。

二丁目では、このタイプとか「趣味」とか言われる好みの問題は避けては通れない。

セックスだけを求めているにしろ、永遠の恋人を探しているにしろ、セックスを含む関係には必ずタイプというものが介在しているし、セックスのない友だち同士の間でも「ヤダッ！　アンタあんなイモタイプが好きなの？」「ほっといてよ。ヨゴレ趣味のアンタに言われたくないわよ！」なんて好みに関する話が頻繁に交わされているのだ。

だから二丁目をよく知ろうと思うなら、ゲイの好みについて理解しなければならない。

ゲイの性的な好みの話になると、どうしてもデブ専とかフケ専とかのようにわかりやすくて話のおもしろい方へ関心が行ってしまうので、より細分化され、より突出している部分ばかりにスポットが当たるという傾向がある。そうやって末梢の方ばかりを取り上げて、この問題を見ていくと一番肝心な部分が見えなくなってしまう。

ゲイの性的な好みの核になっているのは「男らしさ」だ。

ゲイは男に性的に引かれているのだから、これは当たり前と言えばあまりにも当たり前のことだ。そして、ここが一番肝心な部分でもある。

「どんな人がタイプなの?」という質問は二丁目で最も多く発せられるものだと前にも書いたが、僕もほとんどの客にその質問をしてきた。

それに対して返ってくる答えは本当に多様で、カレイドスコープでも見ているようだ。だけど注意深くいろいろ突っ込んで話をしていくと、その中心には割と単純な構造が見えてくる。カレイドスコープの千変万化のパターンもじつは数個のプラスティック片とビーズからできあがっているのに似ているかもしれない。

その中心には「普通の男」というイメージがある。何が普通の男なのかはあまりにも漠としていてむずかしい問題だが、言ってみれば、ゲイの性的関心を動き出させるキッカケは「抽象としての男」なのだ。それは、あくまでもイメージで、何か実体のあるものではなく、記号みたいなものだ。

こんなことを言うと、ゲイは世の中の男全員に欲情してしまうように聞こえるかもしれないが、そういうことは起らない。

ゲイは世の中にいる男全員に対して、生物学的な意味での男とかジェンダーとしての男に分類はしているが、抽象的な「男」のイメージを見い出しているわけではないからだ。

その人の中に自分の持っている「男」のイメージを見い出した時に初めて、その人を性的な対象として意識したことになる。

こんな曖昧な「男」のイメージは壊れやすく、春の淡雪みたいに頼りないものだから、そこに、より男を感じさせるありとあらゆる要素が加えられて「理想の男」というものが作り上げられている。ようするに、それぞれの要素は「男」を美味しく食べるためのトッピングというわけだ。そのトッピングの一つ一つが筋肉だったり、体毛だったり、大きな身体だったり、包容力だったりするのだ。ある人にとっては「おヘチャ顔＝きれいな顔でない＝女性的でない＝真の男」とか「イモっぽい＝田舎の人＝純朴で生真面目＝真の男」といったかたちで、本人さえ納得すればどんな要素でもトッピングになり得る。こういったことが「二丁目に捨てるゴミなし」ということばの「深さ」につながるのだ。

実際の男は（ゲイだけでなく）、「女性的なもの」をたくさん持っているから、それを打ち消すように、イメージとしての男にどんどんトッピングが加えられ「男」の部分が補強されることになる。「普通の男」というイメージは、いつのまにかファンタジーとしての「男」に変化してしまっているのだ。これがいわゆるタイプというやつだ。

非常に好みのうるさいゲイの「タイプ」は、言うなれば、ピザの上にトッピングがピラミッドのように盛り上がっているといったところだろうか（となるとフェティシズムって、ピザは要らないけど好きなトッピングだけちょうだいと言ってるのと同じってことよネ！）。

男同士の間で「男らしさ」を求め合うゲイの世界では、トッピングの種類とその組み合せのヴァリエーションがノンケの世界よりずっと豊富になっている。そこが、生物学的な性の違いに安心して寄り掛かっていられるノンケたちには、奇異に映るのも不思議はない。

二丁目にはいろいろな店があるから、その中には、こういったファンタジーの部分に焦点を絞った売り方をしている店もたくさんある。

マスターとしては自分の好きなタイプが多い方が嬉しいし、客としても、やはり自分のタイプがたくさん集まっている店の方がいて楽しい。それに自分が属しているタイプを好きな人が多い環境の方が相手を探すのにも効率がいい。だから、こういう売りの店ができるのも当然だ。あまり特殊化すると経営が成り立たないから、メガネ専の店とかゴム長専の店はないけど、メジャーな分野にはほとんど対応した店が用意されている。だからこそ前にも書いたように「どんな店に行くの？」という質問で、その人の欲望のありようをかいま見ることもできるのだ。

思い付くまま挙げてみても、二丁目には若専、フケ専、フケフケ専（自分がフケで相手もフケ）、デブ専、ヒゲ専、外専（外国人が好き。だいたい白人だけど）に始まり、体育会系が好きな人の集まる店、フンドシが好きな人の集まる店（曜日によってはフンドシ一丁にならないと入れない）、サラリーマンが集まる店（スーツ姿に欲情するゲイは意外と多い）、SM指向の人が集まる店（和風、洋風それぞれあり）、レザー系が好きな人の集まる店、野郎っぽいのが好きな人の集まる店と、各トッ

ピングに対応したかなりのヴァリエーションがある（店の名前は敢えて書きません。こういうことは、自分の足と耳とお金を使って見つけてちょーだい！）。

二丁目に慣れてきたら、一度自分の趣味を離れて、いろんなタイプの店を訪ねてみるのもおもしろいかもしれない。ゲイの熱帯雨林の豊饒さを満喫できるジャングルクルーズになることでしょう。その時は環境破壊には充分気を配り、くれぐれも大人数でドタドタと踏み荒らしたりしないように！

5　男はみんなスポーツマン

以前、タックスノットでアルバムを作ったことがあった。うちに来てくれている人たちに、それぞれ自分の写真を持ってきてもらって作ったアルバムだ。

昔の写真にはけっこう笑えるものがある。昔は、こんなに太っていたとか、こんなに変な服を着ていたとか、おばさんヘアだったとか……。そういう写真を持ち寄って、みんなでおかしな写真を楽しもうという企画だった。五〇人くらいの人が参加してくれて、最終的には厚手のアルバムが二冊にもなった。

確かに笑える写真が多くて狙い通りのできだったけど、それとは別なおもしろさも見つかった。五〇人ものゲイの昔からの写真を並べて、それぞれの今と比べると、みんな立派な（？）ゲイになるまでにいろんな人生を生きてきたんだよなぁと、五〇通りの個人史が浮び上がってきて妙に感慨深いものがあったのだ。これは予期しない効果だった。

このアルバムを作ることになったキッカケは、お客の一人、今はムキムキで頼りがいのある「世界のお兄さん」タイプの岸ピが、昔はホソーい女の子のような子だったという話をしたことだった。「えーっ！ウッソー！写真見せてよーっ！」ということになり、持ってきてくれた写真はその日一番の笑いのネタになった。あまりみんなにウケすぎで、本人は少し憮然とするほどだった。

一枚は、お母さんの腕につかまりながら片足を後ろに跳ね上げた六歳くらいのもので、まるで女の子のような雰囲気で屈託なく微笑んでいて、「おネェは双葉より芳し」ということばを思い出させる代物だった（そんなことばあるか？）。もう一枚は、胃弱タイプのひよわそうな中学生くらいの男の子が写っていた。顔はすでに今の岸ピと同じなので、今の彼のムキムキぶりを知っている人間にはイタズラ合成写真でも見ているような滑稽さが感じられるものだった。

本人の話では、ある時から自分の女性的な性格とヒンソな身体が嫌でたまらなくなり、学校全体が応援部のような体質の全寮制の学校に自分を投げ入れ、その問題解決のための荒療治を自らに施すという、聞くも涙の努力をして今のようになったのだそうだ。

二枚の写真と今の彼を見比べると、どれだけ大きなエネルギーが変身のために注がれてきたかが明らかにわかり、そこに居合せた一同はその努力に胸を打たれ、互いに抱き合って涙にむせんだ（言っとくけどウソよ！）。

この話をキッカケにアルバムの企画も生まれたのだけど、またそれをキッカケに、僕は彼の野郎っぽい態度や仕草を揶揄することはやめることにした。じつは、彼が店に来始めた頃から、僕は

岸ピの演劇的に過剰な男っぽい振舞を見るたびに（ゴメンね。そう見えてたの）カラカイたくなってしまい、よくモノマネをしてはみんなの笑いをとっていたのだ。

考えてみれば、ボーヴォアールじゃないけど、男になるのも大変なのだ。僕なんか最初からそういうことを放棄した方だからどうしても揶揄的になってしまうけど、自分を強い男に育て上げなくてはアイデンティティが保てない人だってたくさんいるんだから、その努力には敬意を払わなくてはネ。

でもどちらにしろ、岸ピは今その結果によって充分に報われている。自信に溢れ、モテモテなのだから（なんだかブルワーカーの宣伝みたいな話になってしまった）。

最近はトレーニングジムで身体を鍛えるゲイが増えてきた。僕の周りでも、三〇代より下の世代では、ジムに通うのを組み込んだライフスタイルが一般化してきている。

おかげで、どこのジムもゲイの人口密度が高くなってきて、ジムは新たなゲイの社交場と化してきているようだ。

汗を流すのが気持ちいい、運動不足が解消できる、ストレス発散のため、とジムに通う理由をみんなそれぞれに言うけど、モテる身体になりたいというのが一番大きな動機だろう。

確かに筋肉は、ゲイの求める性的魅力の中ではダントツの評価を受けるものだし、「男」というイメージの中では一番中心に近いところにあるものだ。それはトッピングというより「普通の男」のイメージに最初から組み込まれているとも言える。

だから、ゲイはみんな筋肉が大好きだ。

もちろん、スレンダーな男が好きという人もいるから、ムキムキの筋肉マンは時には気持ち悪がられたりもする。人によっては「過剰な筋肉＝ナルシスティックで自意識過剰＝普通の男じゃない＝真の男にあらず」という図式で嫌う人もいる。

しかし話をよく聞いてみると、痩せてるのが好きな人でも、胃弱タイプとか栄養失調風の痩せタイプを求めているわけではなく、余分な脂肪（女性的なイメージがあるんでしょうね）のない細い針金のような強い身体をイメージしていることが多いのだ。スポーツマンで言ったら、長距離ランナーとか軽量級のボクサーといったところだろうか。

この「スポーツマン」というのが、モテるモテないの話の時は重要なキーワードだ（必ず試験に出ます！）。「筋肉質＝真の男」というイメージが強いので、普通の男がみんなスポーツをするわけではないのに、「普通の男」はほとんど「スポーツマン」と同義語なのだ（中には、筋肉質＝肉体労働者、自衛官という方向に行く人もいる）。

ゲイ雑誌の文通欄はゲイの持っている性的なファンタジーが非常にストレートに表れているところだが、そこを丹念に読んでいくと、いかに多くのゲイが「スポーツマンタイプ」を求めているかがわかる。そして、ここでは実際にスポーツをしているかどうかより、スポーツマンタイプであることの方が重要なのだ。

ゲイの文化を作ることにかけては大先輩のアメリカでは、ゲイがスポーツウェアをファッションアイテムに真っ先に導入した。「スポーツマンタイプ」こそがセクシーだということを彼らはよく

理解しているのだ。

そういえば、四〜五年前の二丁目でも、日焼けした身体に白いポロシャツの襟を立てた「スポーツマンタイプ」のお兄さんがいくらでもいたものだ。

だからこそ、トレーニングジムに通うのを生活の一部にしたライフスタイルを確立したのもアメリカのゲイだ。セクシーな男を自分の上に具現化するのにモノ凄いエネルギーを使うアメリカのゲイにとって、これは当然の帰結だろう。特にエイズ禍以降は、「健康」をアピールすることが最重要のテーマになってきたので、「スポーツマン＝健康」というイメージはますます求められるようになってきている。

ゲイはほかの男を見る時に、相手が自分にとって魅力的かどうか常に細かくチェックする習性がある。その視線は当然、男である自分を見る時にも注がれるから、ゲイはどうしても自分の望ましいと思うものに自分を近づけたいという欲求を持ちやすい。筋肉に魅せられているのなら、自分が筋肉を付けたくなるのも自然な流れだ。顔の作りや背の高さはどうしようもないけど、筋肉なら努力次第で獲得できるのだ。

こうしてゲイはせっせとジムに通うようになるというわけだ。

そして、その結果は明白だ。ちょっと筋肉を付けたら、今までは完全無視の態度をとっていた男が急にスリスリしてきたなんて話は、ゲイサウナのような見かけこそがものを言う環境ではよく聞く。こういう話は、ヒゲを生やしてみたらとか短髪にしてみたら急にモテだしたというのと同じだが、筋肉の御利益にはとうていかなわないのだ。

先日テレビで、アニメキャラにのめり込んでいるオタクの男の子（ノンケ）を取り上げたドキュメンタリーをやっていた。どうせ実際には、自分の好きなタイプの女の子は手に入らないのだからと、好きで好きでたまらない女の子のイメージを自分に取り込むために、持っているエネルギーを全部注ぎ込んでいる男の子が紹介されていた。ようするに、自分がセーラームーンになって悦に入っているのだ。

見ていてなんだかとても痛々しい気がした。彼らは自分のやりたいことをやればやるほど、大好きな女の子に好かれる可能性からは遠ざかってしまうからだ。

僕は自分がゲイだから、自分が性的に魅力を感じるものを自分の上に取り込みたいという感覚はよくわかる。テレビを見ながら、彼らのことをどこか身近に感じさえした。

考えてみれば、ゲイがカッコよくなろうとして努力している様は、一所懸命かわいい女の子に自分を近づけようとしている（でも実際はゼーンゼンかわいくなかった！）ノンケの男の子の姿と大した違いはないのだ。

ただ、そのノンケの子たちは自己完結するしかないけど、ゲイの場合は、ナルシスティックに自分を磨けば磨くほど他者と関わる機会が増えるのだから、ある意味では幸せなのかもしれないと妙な結論を出してしまった。

6 爆弾抱えて酔っぱらえば

もう一〇年以上も前のことになるが、たまたま手に取った週刊誌で、カモカのおっちゃんとのエピソードを綴った田辺聖子のエッセーを読んだことがあった。今となっては細かいところは忘れてしまったが、それは妙にうなずける内容だった。

そのエッセーは、聖子ちゃん（松田聖子ではない）がカモカのおっちゃんと旅行をした帰りに羽田からの高速道路で渋滞に巻き込まれたことから始まっていた。

渋滞は相当ひどかったようで、タクシーは高速道路の上でまったく動かなかった。そのうち聖子ちゃんは尿意を催してきた。しかしタクシーは一時間経ってもほとんど前に進んでいない。聖子ちゃんはもう我慢の限界に近づいていた。いくらなんでも道路に降りて、子供みたいにオシッコするわけにはいかない。前にも進めないし、引き返すこともできない。エッセーでは我慢する本人のセッパつまった気持ちがおもしろく語られていく。しかし運よく渋滞もなんとか解消し、オモラシもせずに高速を下りたところでトイレを見つけて事なきを得たようだ。

トイレを済ませて安堵した聖子ちゃんが戻ってきて、カモカのおっちゃんに、もう一時はところ構わずそのあたりにオシッコ撒き散らしたい気分だったと話すと、「大変やったなあ。でも今はどないしてあないなこと思うたという気分やろ」（これって大阪弁になってる？）と言う。「ほんまにそうやワ」と聖子ちゃん。それを聞くと、カモカのおっちゃん「男の性欲っちゅうもんは、それと同じもんなんや。ええ経験したんやから、よう覚えとき」とニヤリとしながら言った。

聖子ちゃんは、よくわからなかったけど、男の性欲があんなものなら男は大変だなぁと思ったというのがエッセーのテーマだったのだ（正確じゃないけど、大筋としてはこんな内容だった）。

このエッセーは僕に強い印象を与えた。カモカのおっちゃんの、男の性欲をオシッコの我慢に例えた発想が当時の僕にはすごく納得のいくものだったからだ。

男の性欲とは本当に不可解だ。何かの原因で性衝動のスイッチが入ると、男は別のモードに移ってしまうのだ。そのモードでは理性というコントロールがほとんど効かない。なんとも厄介なものだ。特に若いうちは、性欲が強いわ理性の力は弱いわで、お手上げ状態になってしまう。若い頃の僕も、自分が情けなくなってしまうことがよくあった。

そして射精を済ませてしまうと、聖子ちゃんじゃないけど、なんであんな気持ちになってしまったんだろうと不思議な気さえするのだ。

動物ならそのスイッチは生殖本能としか結び付いていないけど、人間の場合はいつそのスイッチが入るか本人でも予測できないところが問題だ。

お客のハマちゃん（例の黒いサングラスの子）がこんな話をしてくれた。

ある日の昼間、彼が新宿を歩いている時、渡ろうと思った信号が点滅し始めているのが見えた。別に急いでいるわけでもないので歩みをゆるめたのだが、急に気が変わり、赤に変わったばかりの横断歩道に走って躍り出た。それと同時に、自分の後ろからもう一人が走り出したのを感じた。ハマちゃんが走り出したので、渡れると思った誰かがつられて走り出したのだ。その直後、ガンとい

う大きな音と共に、自分の視界の隅を何かが宙を舞って横切った。

横断歩道を渡り切って振り返ると、すぐ後ろを走ってきた人が、猛スピードで突っ込んできた車に跳ね飛ばされたらしく、道路に転がっていた。その人の足は曲がってはいけないところで大きく曲がっていた。どうやら即死の状態だ。

ハマちゃんは、一歩間違えれば自分があそこに転がっていたかもしれないと思い、背中に戦慄が走るのを感じた。そのとたん、彼はものすごく強い性衝動を覚えた。それはあまりにも強くて、彼はその場を急ぎ足で離れると、そのままデパートのトイレに駆け込みマスターベーションをした……。

彼の行動をエロスとタナトスの観点から論じるのも可能だろうし、「いやだあ、それってヘンタイっぽい！」とか言って片付けてしまうこともできるだろうが、僕には、性衝動のスイッチはこんなことでも入るのかと非常に興味深い話だった。

動物にとって性交中は捕食動物に襲われる危険度が高いというから、危機感と性欲は近いところで関連しているのだろう。

こんな例もある。これは僕のパートナーだったカズの話だ。彼が高校生だった頃の期末試験で起ったことだそうだ。

その日の数学の試験は上々のデキだった。問題はスラスラ解けて、与えられた時間よりもずっと早くに終わってしまい、彼は窓の外などを眺めて上機嫌だった。あと一～二分で終了のベルが鳴る頃になって、なんとなく見直すと、答えを書く欄を一つズラして書いていることに気がついた。ようするに、そこから下は全部間違っていることになるのだ。

今からでは間に合わないとパニックったとたん、強い快感が彼を襲い射精してしまったそうだ。彼はあまり突然のことで何が起ったのか、一瞬理解できなかったと言っていた。

これも危機感が強い性衝動を動かし、それがあまりに強くて射精まで行ってしまったということだろう。いくら性的エネルギーが一番旺盛な高校生の頃だといっても、こんなことでも性衝動のスイッチは入るのだ。

この意味では、男は時限爆弾を抱えて生きていると言っても大げさではない。まったくオチオチしてられないのよ！

二丁目は、こういう不可解な性欲を抱えた男が、これまた不可解な性欲を抱えた男と第三種接近遭遇をする街だ。そして街自体が時限爆弾のスイッチを入れるための装置のようなものなのだ。おまけに酒まで加わる。性衝動のスイッチが入ってしまうと、そうでなくても理性の働きが弱まるのに、酒が入れば言わずもがなだ。ますます不可解さは増していく。

朝起きたらなんでこんな人とって思うような男が隣に寝ていたなんて話は掃いて捨てるほど聞いてきた。

ゲイバーをやっていると時たま、妙な時間にお客が誰もいなくなってしまうことがある（ウ、ウチだけかしら……）。そんな時にたまたま一人お客が入ってくると、これはこれで楽しいお話タイムになったりする。こういう時は、そのお客の取っておきの話が聞き出せるいいチャンスなのだ。お客の方でも、ほかの人に聞かれる心配がないから、けっこうリラックスしてかなりアブナイ話でも

してくれる。

ある日、そんな状況のタックスノットにバイバイちゃんがやってきた。

彼はハンサムで、なかなか雰囲気のいい男だ。年は三五歳になったばかりだけど、外見は誰が見ても一〇歳は若く見える。モテモテというほどでもないがファンも多い。唯一の欠点は酒に飲まれてしまうところだ。今までに何人の付き合っている子に去られてきたことか。いわゆるグッバイボーイだ。

早速僕は水を差し向ける。

「ねぇ、最近なんかおもしろいことあった?」

いつもならすぐに乗ってくるのに、その時に限ってなかなか言い出そうとしない。

「いいじゃない。誰にも言わないから教えてよぉ」

「そのことばにどれだけダマされてきたことか!」(確かに二丁目では個人のプライバシーより公共の福祉=みんなの楽しみの方が優先される傾向にある)

「あんたそうやってゲイバーのマスター敵に回してるといいことないわよ」(とドスを効かす)

「あのさぁ、新宿公園のあたりによくいるホームレスのおじさん知ってる?」

知らいでか。そのおじさんは二丁目近辺ではよく見かける人だ(最近急に見かけなくなってしまったけど、どうしてるのかなぁ)。背が小さく愛敬のある顔していて、なぜかいつも二丁目近くにいるのだ。ゲイに興味があるのか、そばを若い子たちが通ると「オッ」とか「アッ」とか言って注意を引こうとする。ま、人のよさそうな人なんだけど、問題はその臭いだ。50メートル先からでも、その強烈な臭いで、おじさんの存在がわかる。

「シ、知ってるわよ。あんたまさか……あのおじさんとやったとか言うんじゃないでしょうネ！」

「やったわけじゃないよ。ビルの暗闇でちょっとオチンチンなめてもらったの！」

「えーーーーーーーーーっ！！！！」

「真夜中ベロベロに酔っぱらって公園近くを歩いてたら、おじさんがいて、なんとなく話してたらちょっと好奇心が湧いてきて、三〇〇〇円あげるからちょっとなめてって言ったら、最初は嫌だとか言ってたんだけど……」

「ま、確かにあのおじさん愛敬あるから、あんたの趣味から言ってわからないでもないけど、あの臭い気にならなかったの？」

「風邪気味で鼻詰まってたからわかんなかった」

「で、それでどうしたのよ！」

「ベロベロだったからよく覚えてないけど、ただそれだけだよ。もちろんイカナカッたし」

「あんたって人は……」

「タックゥ、これ絶対に内緒だよぉ。こんなこと話されたら、僕もうモテなくなっちゃうもん」

「明日は晴れかしらネェ……」

「タック！！！！」

（あぁ、とうとう書いちゃたワ！　ゲイバーのマスターには弁護士や医者みたいに「職業上知り得た秘密を人に漏らしてはいけない」っていう倫理規定があるって聞かないからいいわよネェ。もし僕が二丁目の

暗闇で後ろからグサリとやられて死んでたら、真っ先にバイバイちゃん調べてもらってネ）

こんなにスゴイ例ばかり並べると、二丁目とはどんなところじゃいって思う人も出てきてしまうかもしれないが、みんながみんな、こんな極端な行動をしているわけではないから念のため。

これは香水の原液（臭いんだってネ）みたいな話で、みんなはこれをちゃんと薄めていい香りさせているのだから誤解のないように！

男の欲望の不可解さは時として思いがけないことを引き起すという、二丁目の一側面のお話でした。

7　セックスはビックリ箱

「男同士ってどうやってセックスするんですか？」

去年の暮れに、ある女性誌のゲイ特集で取材を受けた時に聞かれた質問だ。こういう質問をされると体中の力が抜けたようにガックリきてしまう。「あんたらノンケのセックスは、同じ質問を受けたら、簡単に答えられるほど単純なものでんのんか？」と聞き返したくなるのをグッとこらえて、

「人それぞれだから、簡単には答えられないですよねぇ」とか言うしかない。

「でもお尻とか使うんじゃないんですか？」（ほら、やっぱり来た。最初からそれが聞きたかったんだろうが）

「そういうのが好きな人もいます。でも手でされるのが好きな人もいれば、口でサービスされる

のが好きな人もいるから、やっぱり人それぞれですね。セックスって基本的に、それぞれが気持ちいいと思うことをすればいいんじゃないんですか」（これって単なる公式見解なのよね）

「はぁ、そうですか」（なんか腑に落ちない顔してるゾ）

「例えば、僕がどんなセックスをするかとか、どんなセックスが好きかと聞かれれば、それなりに答えることはできますけど、ゲイ全体がどんなセックスをするかなんてことは答えようがないんですよ」（別にキレイぶってるわけじゃないのよ！）

「そうですね。じゃ、大塚さんはどんなセックスがお好きなんですか？」（あのなぁ！）

「そういう質問って、僕とあなたがすごく親しくなって、なんでも隠さず話せるようになってから初めてするべき質問なんじゃないんですか。それも、私はこういうセックスが好きなんだけど、大塚さんってどんなのが好きなのって双方で話し合う雰囲気が必要だと思うんですよ。ゲイだって言うと、必ず一方的にどんなセックスをするのかって聞く人がいるけど、相手がストレート（ノンケのことよ）の人なら初対面でそんなこと聞かないでしょ？」（取材に来てて、こんなこと言われちゃ困るだろうけどねぇ）

「そうですよね。わかりました。じゃ、次の質問ですが、ゲイの人たちには男役女役ってあるんですか？」（わかってねぇじゃねえかっ！）

男同士ってどうやってセックスするのかという質問は、ゲイに関しての質問の中では最もポピュラーなものだ。八年ほど前にテレビの奥様向け番組に出た時も、やっぱり聞かれた質問だった。あ

まりにも素直に聞いてくるので、ムッとするのも大人げないし、怒ってみせたところでおもしろがられるのが落ちだから、その時も去年と同じように真面目に、そして公式見解のようにクソおもしろくもない内容で答えたのだった。

ゲイに関しての情報がずいぶん流れるようになったと言われているけど、今でもこんな質問をされると、なんかほとんど状況は変わっていないんだって気がしてガックリくるのだ。

ガックリきたけど、その時も本当はちゃんと答えたいという気持ちはあったのだ。「人それぞれです」だけでなく、「そんなこと聞くのって失礼でしょう」でもなく、自分でできる限りの説明を付けながら、思う存分時間をかけて、誠実に。だってわからないから、聞いてくるんだものネ。だけど答える前から、それがいかに回りくどくて、聞いている人が退屈するようなことの羅列になってしまうかがわかるので、敢えてエネルギーと時間をかけてまでやってみようとは思えなかっただけなのだ。

でもいい機会だから（勝手に決めるなってか？）、ここでそれをやってみることにしよう。二丁目ではセックスを避けては通れないとか、セックスにのめり込んでいる人のことを書いているのに、そこをわかってもらえなかったら、誤解を増殖させているだけになってしまうから……。

ウザッタイのが嫌いな人はどうぞ先を飛ばして、次に行ってください。ここは興味のある人だけ相手に先を続けたいと思います。

「男同士ってどうやってセックスするんですか？」

「ほとんどの場合、二人とも裸になるでしょうね。でも服を着たままが好きな人もいます。自分だけが服を着ていて、相手だけ裸というのが好きな人もいますし、その逆の場合もあります。それぞれファンタジーが違うんです。

裸になる場合でも、パッパと脱いでさあやるぞというのが好きな人もいれば、相手の服をゆっくり脱がすのが好きな人もいます。もちろん脱がされるのが好きで相手のなすがままという雰囲気を楽しむ人もいます。ブリーフ一枚で脱がすのを止めて、そこからペッティングに入りたい人もいますし、上半身だけは服を着せたままで下半身だけをむき出しにするのが好きな人もいます。僕の友人で、ブリーフをはかせたままでブリーフの上から勃ったオチンチンをくわえるのが好きというのがいました。

初めはキスから始めるのが好きな人もいれば、キスは嫌いだっていう人もいます。中にはキスのないセックスなんて絶対に嫌だという人もいるし、相手がキスをあまり好きそうでない時は我慢する人もいます。

すぐにフェラチオにいく人もいれば、お尻の穴をなめ始める人もいます。そんなに早く下半身にいかずに、まず全身を愛撫するのが好きな人もいます。これは全部能動のかたちで説明していますけど、それぞれに受動のかたちで好きな人もいるわけですから、僕がしたい人と言ったら、されたい人の方も必ずイメージしてください。その逆の時もよろしく。

体中にキスをするのが好きな人、なめ回すのが好きな人がいるのなら、当然そうされるのが大嫌いな人もいます。

体中が性感帯の人もいれば、体中をキスされたり愛撫されたりすると気分が悪くなる人もいます。特定の部分だけやって欲しいという人もいます。膝の後ろが敏感な人もいれば、首筋や耳に軽く息を吹きかけられたら陶然としてしまう人もいます。足の指の間や会陰部をなめられるのが大好きという人もいれば、脇を爪で触られると気持ちいい人もいます。乳首一つとっても、なめられるのが好きな人、息を吹きかけられるのが好きな人、軽く噛んでもらうのが好きな人、思いきり噛んでもらうのが好きな人、洗濯挟みで摘んでもらうのが好きな人といろいろです。

脇腹とか背中を触られるとくすぐったいだけで気分が萎えてしまう人もいますし、その時々でくすぐったいだけだったり、感じたりする場合がある人もいます。

こういう前戯が嫌いで即バックに挿入したい人もいれば、まどろっこしい手続きなしで挿入されたい人もいます。挿入されるなら充分に肛門をなめてもらいたい人もいれば、まず指を入れてもらいたい人もいます。逆に指を入れられると不快な人もいます。

フェラチオをされるなら、舌を充分に使ってもらいたい人もいるかと思えば、ノドの奥だけが気持ちいい人もいます。

手でオチンチンをしごいてもらう時にはソフトにやって欲しい人と、できるだけ激しくやって欲しい人がいます。人によっては、亀頭部分を唾液やオイルを使ってこねくり回されたい場合もあります。またそれをやられるとやる気がなくなるという人もいます。

相手のバックをやる時はオムツを取り替えるスタイルがいい人と、絶対後ろからがいい人とがいますし、その両方がしたい人がいます。バックをされる時は、キスをされながら乳首をもんでもらい、オチンチンをしごいてもらいたい人もいます。

こうこうと電気をつけて明るい中でやりたい人もいれば、薄暗い光の中でやるのが好きな人もいます。

いろんな器具を使いたい人もいれば、そんなことをされたら帰りたくなる人もいます。

セックスの間中いやらしいことばを話し続ける人もいれば、相手が話すとシラケル人もいます。

相手が自分をまるで物のように扱うと、腹が立ってくる人と興奮する人がいます。

イク時は絶対一緒にイキたい人がいれば、必ず別々がいいと思う人もいます。相手をイカして自分はイキたくない人もいますし、自分がイクことしか考えない人もいます。

手でイキたい人、口でイキたい人、バックでイキたい人、スマタでイキたい人、自分は相手のスマタでイキながら相手と自分のおなかの間で相手のオチンチンを挟み一緒にイカせたい人もいます。

オチンチンの角度がいつもと同じでないとイカない人もいます。

そして……」

もう充分でしょ。こんなことやっていたらこの本全部使ってもおわらない。それでも、これはほんの一部なのだ。これにもっともっといろんなファンタジーや技が加わって、肉体的な快感と精神的な興奮と情緒的な一体感を求めていくことになる。そして、みんな興奮することやいい気持ちになることが違う。その組合せは無数にあるのだ。

セックスはやってみないとわからない。まるでビックリ箱のようなものだ。

少しは僕の言いたいことが伝わったかしら。とにかく「手でやるか、口でやるか、お尻でやるか」だけでは何も説明したことにはならないことだけでもわかってもらえれば嬉しい。

と、まぁ書いてはみたものの「男とやりたい男って結局はやられたい男ってことじゃないのか？」ぐらいにしか考えられないノンケにはかなり理解に苦しむ内容なんだろうな。男はやる方、女はやられる方という旧来の考え方から自由でない人には、やったりやられたりという幻想が結局は相対的なものでしかないことが想像できないからね。やる、やられるという側面一つをとっても、男っぽい男をヒーヒー言わせる時の興奮から、ゴキブリも殺せなさそうなおネェさんに身も心も委ねて受身の喜びに打ち震える快感まで、セックスの波長のレンジは幅広いのに、その波長のごく一部しか使っていない人の方が圧倒的に多いから、無理なのかもしれない。

美味しい料理を食べたことのない人に、その料理の美味しさを説明するのは至難の業だわ。とにかく、こんなバカバカしいことに付き合ってくれてありがとう。お疲れ様でした。

二十八年後の蛇足コメンタリー3

僕は今年で七十五歳。押しも押されもせぬ老け専のターゲットの年齢です。

老け専とは読んで字の如し「老けた人専門」という意味。年齢のいった男性を性的な対象にしている人のことです。分類にシビアな人は、五十歳くらいになればすでに老け専の対象で、僕ぐらいの歳の人には「オケ専」という情け容赦のない呼び方もあると指摘します（オケは棺桶のオケ……笑えない！）。老け専はゲイの世界でも広く知られたジャンルです。国勢調査の対象ではないので、総人口は分かりませんが、それなりの勢力ではあるようです。僕自身の性的な関心が老けの人に向かっていなかったので、老け専という世界には馴染みがなく生きてきてしまったのです。ですから、この『二丁目からウロコ』でも特に老け専のことは取り上げていませんでした。どちらかというと老け専はレアな趣味くらいな認識でした。

老け専の世界では、老けている人と若い人の組合せの「フケワカ」と、老けている人同士の組合せの「フケフケ」の二つに分かれてるという話です。僕としては若い人の方が好みなので、「フケワカ」の世界があることを知って嬉しくなりました。ノンケの世界では、老人ホームなどで老齢の男女が色恋沙汰で大揉めするなんていう話も

聞いていたので、「フケフケ」は想像できたのですが、老齢の男性が好きな若い男性がいるなんて、なんとこの世は希望に満ちていることでしょう。この歳になると心から感謝の念が湧いてきます。うちの店でもたまに老け専の若い子が来ると恭しく手を合わせるようにしています。

老け専（オケ専？）の若い子から聞いた話を一つ。老齢の人とセックスをしていても、相手のオチンチンが勃たないことはよくあることだそうで、それは全く気にならないとか。老け専同士の会話では、その勃ってないオチンチンを口に含んだ時の感触を「グミ」と呼んで、その状態を愛でているのだそうです。

さらに僕を感激させたのは、そのグミ状態を愛でているうちに、オチンチンに微妙な変化が起こり、半勃ちとまでは言えないにしろ、オチンチンの内部にほんの少し芯が感じられるほどになると、自分のサービスに相手が反応してくれたと大きな喜びが湧いてくるのだそうです。なんと美しい話！　そしてその少しだけ芯がある状態を、彼らは「アルデンテ」と呼ぶのだそうです！

オチンチンを愛でる文化があるからこそ、柔らかいオチンチンのこんな微妙な変化を感じとることができるのです。オチンチン万歳！

第4章　愛の妖精が見る夢は

1　魔法が解けるまで

「あぁ、すごく幸せーっ！」

ユウちゃんはそう言って、カウンターの上に両手を伸ばすと、照れくさそうに顔を伏せた。彼は二四歳のサラリーマン。日頃はめったに感情を表に表さないポーカーフェイスのユウちゃんが珍しく身体全体で喜びを表現した。

例によって、ほかのお客がいない時なので（よくあるのネェ）、彼も気がゆるんだのでしょう。

二丁目にデビューして一年あまりも経つのになかなかいい人が現れず、ちょっと悲観的になっていたユウちゃんにもやっと恋人ができた！

今年の初め、友だちと行ったラジオシティのゲイナイトで、その彼と出会ったのだ。彼は同い年の大学院生で、二人とも初めての恋愛。それもアツアツの相思相愛だ。

週に三～四回のペースで会い続け、毎日のラブコール。昼間も、何かというとユウちゃんのポケ

ベルが振動する。留守番電話がポケベルに転送されるように設定されているから、いつもユウちゃんの電話には彼の熱いメッセージが吹き込まれているという寸法だ。

ユウちゃんの彼は、いわゆるリターニー（帰国子女）で、感情表現がストレートなのだ。これで、天にも昇る気持ちにならなかったら、情緒面の部品が少し足らないことになってしまう。

「こんな気持ちを言ったの初めて。友だちにも話してないんだもの」

「思いっきりノロケなさい。ノロケたい気持ちになれた時に思う存分ノロケなかったら、人生つまんないよ！」と僕。

その時のユウちゃんの嬉しそうな顔は忘れないだろう。

アツアツの恋愛中は、ゲイもノンケも関係なく、みんな同じ気持ちだ。何をしてても楽しいし、些細なことで悲嘆にも暮れる。上がったり下がったりのジェットコースター気分なのだ。誰彼構わず自分の気持ちを言いたくもなる。

ノンケなら、海に沈む夕日に向かって「あけみーっ！」とか叫べるし（今時いないか？そんな奴）、スプラッシュマウンテン最後の落下で大声上げて告白もできるけど、ゲイにはなかなかそういうことができない。

二丁目では、たくさんのお客がいる中であまり素直にノロケると、海千山千タイプに「いつまでそんなこと言ってられるのか楽しみだワー」とか言われて水さされるから、そんなに気持ちよく「自分だけワールド」に浸れない仕組みになっている。

二丁目は恋愛多発地帯だ。毎晩どこかで新しい恋愛が芽生えている。そして悲しいことに、そんなに長続きするのは少ない。だからある程度二丁目歴が長いと、みんな人の恋愛話には「イツマデモツヤラ」という感覚を持ってしまうのも仕方がない。それに、聞かされる自分だって、その辺のところは痛いほど思い知っているのだ。

だからノロケたければ、せいぜい、ゲイの友人（それもかなり忍耐強い奴）に長電話するか、ゲイバーのマスターを夕日の代用品にするしかない。

だからこそ、ユウちゃんも友だちにもまだノロケてなかったのだろう。

だけど、恋愛がどんなに短くおわろうとも、どんな惨めな結果になろうとも、僕は誰でも一度でいいから、切なくて嬉しくて、有頂天になるような恋愛を経験して欲しいと思っている。自分の中にこんな凄いエネルギーが潜んでいるんだと気づけるよい機会を一度も持たずに生きているなんて、人間に生まれた甲斐がないワ！

そして、ノロケるのも恋愛の重要な要素だと思っているから、いくらでも夕日の代わりは引き受けようと思っているのだ。

恋愛は魔法だ。

やろうと思ってできるものでもないし、しないようにしていても逃げられるものでもない。性的欲望と愛という本来正反対の向きを持ったエネルギーの流れが、恋愛中だけは、見事に一つに溶け合った「何か」に生まれ変われるのだ。

当事者以外にはバカバカしく思える様々なことが、その二人にとっては神の恩寵とも奇跡とも見えてしまうし、これほど強く人と人を結び付ける磁力はほかにはない。そして、ある日突然解けてしまったりする。これはもう魔法としか言いようがない。

恋愛中は、こんな関係がいつまでも続いてくれたらどんなに幸せだろうと思うものだ。しかし、この魔法は長続きしない宿命を持っている。

性的欲望ではファンタジーが重要だと前にも書いた。特に、本能と縁を切り始めた人間の男は、性的対象に強く興奮しなければオチンチンを勃てることができないので、ファンタジーの助けを借りないとコトがうまく運ばない。これは性体験を多く持つほど、その傾向が強くなる。

男は、その対象そのものに欲情しているというよりは、自分の性的ファンタジーを相手に投影して、そのイメージに欲情し興奮しているのだ（これが生得的なことなのか、文化的なことなのか、男だけのことなのかはまだよくわからないけど）。

この性的ファンタジーは、何か実体のあるものではないので、非常に壊れやすい。その意味で、男にとっては性的対象の持つ人間的な情報は、興奮することだけに絞って言えば、まったくジャマ者だ。性的対象となる相手はできるだけ自分のファンタジーを刺激する存在であってくれればいいのだ。

ゲイで言ったら、「厚い胸板のたくましいオスそのもの」といったファンタジーをかきたてる男が、じつはアンミツが好きだったり、ユーミンが好きだったりしてはぶち壊しなのだ。

だからこそ男はよく知らない新しい相手ほど興奮するというワケだ。

しかし恋愛にはもう一つ愛情という側面がある。これは、相手のファンタジーを刺激する「道具」として使うのとは逆に、人間的に理解し合いたいという欲求だ。何が好きで、何が嫌いで、どんなものの考え方をしていて、どういう歴史を生きてきたのかと、できるだけ知りたくなるのだ。

こんな矛盾した二つのものが危ういバランスを保ちながら、あたかも一つのもののように働くのが恋愛だ。しかし、この矛盾はいずれ破綻をきたす。

恋愛が非常に壊れやすいのには、こんな理由がある。

なんだか身も蓋もない話になってしまったが、じつは、恋愛にはもう一つの側面があり、それが恋愛をもう少し複雑でおもしろいものにしている。よく聞く話だが、シュミでもないのに惚れ込んでしまったなんてこともある。それは恋愛のファンタジーが介在しているからなのだ。

恋愛に憧れる人間には、いつのまにか、自分の中に恋愛対象として望ましいと思うファンタジーが育っているのだ。

恋愛のファンタジーは、性的欲望のファンタジーと同じように、自分をより気持ちよくしてくれそうなありとあらゆる要素を寄せ集めたかたちでできあがっている。ただ、その要素は性的なものに比べるとより広範囲におよび、もっと人間的なもの、文化的なものを多く含んでいる。

自分を夢中にしてくれる人は、外見が好みで（性的に興奮することに限定されていない）、自分の持っていない魅力に溢れ、温く優しくて、包容力があり、ちょっと危険で、自分の知らない世界を案内してくれて、セックスの相性がよくて、ウンヌンカンヌンといった具合だ。ま、自分にとって都合のいいものを見事にパッチワークして作り上げた幻想のお人形さんといったところだろうか。

このファンタジーを育て上げるのは、性的なファンタジーとこれまた同じで、その人の持つ性的なエネルギーだ。その人のエネルギーをたっぷり吸い込んで、恋愛ファンタジーは大きく育っていく。社会に流れる恋愛のファンタジーも取り込みながら、ますますパンパンに膨れ上がっていく。そんな状態でファンタジーを刺激する人に会うと、スイッチが入り、その人は魔法にかかってしまうという寸法だ。

恋愛の始まりでは、二人の人間が相手のスクリーンに自分のファンタジーを投影して、そのイメージに恋をするというのがほとんどだ。これも性的欲望のファンタジーとよく似ている。激しい恋愛中は、そのイメージを通してしか相手を見ないから、どんなことでもよく見えてしまう。短気なところはエネルギッシュに、冷淡なところはクールにと、いわゆる「あばたもエクボ」というやつだ。

性的欲望のファンタジーも恋愛のファンタジーの上に乗っけてあるから、ショックアブソーバー付きと同じことになり、リアルな相手が持っている自分の性的ファンタジーを脅かす衝撃もうまく吸収してもらえる。

こんな恋愛のファンタジーがあるおかげで、すぐに壊れてもおかしくない、矛盾を抱えた恋愛という魔法も思ったより長く続くのだ。

しかし、いつかはリアルな相手と向き合わなくてはならない。二人のうちでより現実的な方の魔法がまず解け、二人の間に様々な問題が現実として現れるようになると、あんなに強固な磁力はあえなく消えていってしまう。

こうなると、恋愛をキッカケに家庭を持つといったような文化を育てにくかったゲイの環境では、無理してふんばる必要もない。そして性的ファンタジーを刺激する新しい相手には事欠かない。こうして二丁目では、次から次へと恋愛の相手も替えていくという現実が変わることなく続いてきたのだ。

幸せ溢れる恋愛真っ只中のユウちゃん。彼の話を聞き、応援したい気持ちでいっぱいになりながらも、この恋愛もいつまで持つのやらと、やっぱりどこかで思っている自分も確かにいる。夕日の気持ちも複雑なのだ。

2　ハーニャが池事件

当事者以外の目から見れば、恋愛はけっこう退屈なものだ。

恋愛中の二人は、他人にはよくわからない魔法の力で引かれ合っているわけだから、恋愛にまったく興味のない人には「二人してなんとバカなことを！」と映ったりする。そこまで冷めた目で見ないにしろ、たくさんの他人の恋愛を見てきた人間には、放っておいてもいずれは「治る」、ありふれた軽い熱病にしかすぎない。

ある意味で、恋愛はみんな同じなのだ。いくつか見てしまえば、あとは退屈なメロドラマをえんえんと見せられているような気がしてくるのも仕方がない。

二丁目ではあまりにもたくさんの恋愛が生まれては消えていくから、長く二丁目に関わっている

と、よほど個性的な恋愛でもなければ特別印象にも残らなくなってくる。だから、どの店でも語り継がれるのは極端なケースばかりになる。タックスノットの「恋愛年代記」（もちろん僕の頭の中にある）でも、残されているのは「どうしてそうなるの？」と言いたくなる話ばかりだ。

恋愛は基本的に客観性というものから最も遠いところにある。どれだけ自分に酔えるかが、恋愛では一番重要な能力と言えるかもしれない。他人から見たらどんなにバカバカしく見えるかなどという客観的な見方を排除し、自分だけの恋愛ファンタジーを強固に育て上げられる主観的な人ほど、恋愛の醍醐味を味わえるのだ。

その意味で、恋愛には性格的に向き不向きがある。

タックスノットに通ってくれたお客の中で、ハーニャさんほど恋愛向きの人はいなかった。日頃から主観の強い人ではあったけれど、魔法にかかった彼は向かうところ敵なしで、その恋愛ファンタジーの強固なことといったら象が乗っても壊れないといった感じだった。これから紹介するのは、彼の本領が見事に発揮されたエピソードだ。

ハーニャさんは、歌舞伎とオペラと杉村春子が死ぬほど好きで、その立居振舞いや話しぶりはしっかり新派風、その小柄な体に地味な着物を着せたらそのまま世話もののおばあさんになってしまうという老け女形タイプのおネェさんだ。近頃では二丁目ですっかり見かけなくなってきたタイプで、おととしからワシントン条約で保護されるようになったらしい。

ハーニャさんという名前は、ほかの店で顔が般若の面に似ているというので付けられたあだ名をタックスノット風にアレンジしたものだ。

彼の恋愛ファンタジーは豪華きわまりなく、大好きな虚構の世界から取り込んだロマンティックなシチュエーションがぎっしり詰まっている。

当時のハーニャさんは何度目かの一世一代の恋に身を焦がしていた。

問題のその日、彼は手の甲を額に軽く当て、今にも気絶しそうにヨロメキながらタックスノットに入ってきた。あまりにも芝居じみた様子に、僕はまたかと思った。

「どうしたの?」と一応は聞く。

待ってましたとばかりに説明し始めたのだけど、どうやら相当酔っているらしく、あまりにも回りくどくフリルの多い話しぶりで要領を得ない。簡単に言えば「どうやら彼にだまされている」ということらしかった。

その後、この世のおわりのように嘆いてみせるので、こういう悲しみのヒロインにはふさわしいBGMが必要だと思い「クラシカル・バーブラ」をかけてあげた(こういう細やかなサービスって客商売の鏡でしょ!)。

何曲目かにヘンデルのオペラアリア、「ラッシャ・キオ・ピアンガ」(私を泣くがままにしておいてくださいという歌詞なの)が流れ始めると、ハーニャさんはトイレに駆け込んだ。

ドアは半開きにしたまま、中で「ウッ、ウッ、ウッ」と店中に聞こえる大きな声で忍び泣き(意味わかる?)を始めたのだ。ちょっと薬が効きすぎたみたい。

ほかのお客はシラケだすし、僕もこれ以上は付き合いきれないという気分になってしまったので、トイレまで行ってドアを開けたら、あらあら、トイレの蓋をした上でコペンハーゲンの人魚姫像のスタイルそのままに、「過酷な運命を嘆きながら」泣いていた。

僕は吹き出しそうになるのをこらえて、「今日のところはもう帰りなさい」と諭すと、ハーニャさんはまた手の甲を額に当て、世の中の悲しみを一身に背負った様子でよたよたと帰っていった。

これをきっかけにほかのお客もあきれ顔で帰り始め、その日は店じまいとなった。掃除を済ませて店を出る頃には、そろそろ夜が白み始めていた。

帰り道、新宿公園まで来ると、突然ハーニャさんが凄い形相で公園に走り込んでいった。その後ろには、ハーニャさんの彼の黒川君が追いかけている。僕は「やれやれ、まだやってる」とつぶやきながら30メートルほど歩いて、ふと思い付いた。今のハーニャさんだったら黒川君へのあてつけに池に身投げくらいしてみせるかもしれない（言っとくけど、池は膝くらいの深さしかない）。

僕は走って公園に戻った。これで明日の店の話題はきまりだワ！

公園に入ってみると、果してハーニャさんは柵を乗り越えて池の縁に立って池の中を覗き込んでいる（まだ飛び込んでない。間に合ってよかった！）。黒川君の方は柵の外で大きな声でハーニャさんに向かって話しかけている。近くではホームレスとおぼしき人二〜三人が訝しげにこっちを見ているというのに、ハーニャさんたちはまったく気にしている様子はない。

黒川君は叫ぶ。「メガネなんかもういいから、もう帰ろうよ！」（なんだ、メガネ探してるんだ…）。

ハーニャさんは思い入れたっぷりに、そして絞り出すような高い声で、ゆっくりと一語一語噛みしめながら答えた。

「今のアタシにはあなたのメガネを探すことだけが大切なの。アタシのことは放っておいて、あなたはもう帰って……」（後で聞いたら、ハーニャさんはバッタリ黒川君に出くわして、公園近くで口論となり、思い余ってひっぱたいたら、彼のメガネがフッ飛んで池に落ちちゃったんですって）

当時の新宿公園は改装される前で、今のようにタイル貼りのプールみたいに無味乾燥な作りではなく、日本庭園風の池になっていた。ハーニャさんの立っている池の縁には、池に覆い被さるような枝振りの木がお誂え向きに生えていて、彼はその枝に左手をかけて、なんと右手は「見えないたもと」のあたりに軽く添えられている（信じて！ホントーなの！）。そしていかにも悲しげに立ったまま、池の中を覗き込んでいるのだ。どう見ても、メガネを探しているようには見えない。まるで三つの願いを叶える黄金の指輪でもなくしたお姫様のようだ。

時は四月の初め、桜の花が満開で、ときおり桜の花ビラがチラチラと舞う季節。かわたれ時の白っぽい光の中でなんだか妙に絵になる構図ではある。これでハーニャさんと黒川君のところを美男美女に置き換えれば、まるで新派の一場面を見るようななまめかしさが感じられたはずだ。ハーニャさんは完全に入り込んでいた。

黒川君は僕に気づくと、ホトホト困ったような顔をしてみせた。「今日はもう僕にまかせて、もう帰んなよ」と言うと、黒川君は仕方ないといった表情でうなずき、ハーニャさんに向かってまた大声で言った。

「僕はもう帰るよ。また電話するからねェ」（おいおい、君の声まで新派調になってるぞ！）

「いいえ、もう電話なんかしないで。アタシのことはもうワ・ス・レ・テ……」とポーズを変えずにハーニャさん。

黒川君は世の中の苦しみを全部背負い込んだような深刻な顔をして帰っていった。

ハーニャさんは余韻を楽しむようにまだ池を見つめている。

ここまで二人ができたのは、きっと満開の桜のせいだったのかもネェ。

僕はワザと大きな拍手をしながら「もう幕は下りたよ。いい加減にしてこっちへいらっしゃい！」と言うと、さすがにハーニャさんも照れくさそうに柵を越えて戻ってきた。

「うちでお茶でも飲んでいく？」と聞くと（あんなにおもしろいもの見せてもらったんですもの）、

「やぁねぇ、なんだかおなか空いてきちゃった……」とニコっとした。

「あんた長生きするよ」

僕は心からそう思った。

3　恋愛の向こう側

「ねぇ、タックさん。男同士ってどうやったら長続きするの？」

僕が男同士の付き合いにこだわっているって聞いて興味を持ち、タックスノットに初めてやって来た若い子が唐突に聞き出す。

おいおい、それって観光でお寺に遊びに行って、そこの住職に「悟りとはなんですか？」と聞くのと同じくらい大胆なことだよ。こういうふうに、おいしいとこだけ聞きたい人たちはけっこう多い。

一言で答えられたら苦労はないけど、僕だってよくわからないのだ。でも、わからないじゃ身も蓋もないから、禅問答よろしく「自分自身を本当に愛すればいいのよ」とか答えて、おどけてみせる。たいてい相手は煙にまかれたような顔になって、それ以上は突っ込んでこない。

それでも「それってどういう意味？」と果敢に再挑戦してくる人もいる。そんな時は「しばらくうちに通っておいでよ。一緒に考えていこうよ！」とか言って、アルカイックな観音スマイルを見せることにしている。

「どうやったら長続きするか？」

恋愛の最中は、多くの人がこんなふうに考えるものだ。精神的にも肉体的にも強く結ばれた、その二人にしか持ち得ない強い絆を、いつまでも守っていきたいと考えるのは自然なことだろう。

しかし恋愛するものは、前にも書いたように、長くは続かない宿命を負っている。その強い磁力はファンタジーで成り立っているにすぎないのだ。あれほど強固に見えていた絆も、そのうち蜃気楼のように消えてしまうのは不思議ではない。永遠の愛はあるかもしれないが、少なくとも永遠の恋愛はありえないのだ。

二人だけの強い絆をできるだけ長く存続させるとしたら、それは恋愛そのものを長続きさせることではなく、恋愛の向こう側にたどり着くことなのだろう。

逆に言えば、恋愛感情がなくなっても消えない絆を目的にしない限り、人間を長い間強く結び付けておくのは不可能なのだ。

そういった視点に立てば、恋愛は目的ではなく手段にすぎない。恋愛は、恋愛をキッカケに生まれた、二人の間の強い絆をできるだけ長く(できれば一生)続けていきたいという人間の夢を実現するための接着剤でしかないのだ。

実際人間を結び付けるのに、これほど強力な接着剤はほかにはない。しかし使用説明書をよく読むと、効き目にはタイムリミットがあり、人の理性をマヒさせ酔わせる危険な溶剤が入っていると書いてある。取り扱いには充分注意が必要というワケだ。

恋愛至上主義の観点から見れば、この考え方は本末転倒と映るかもしれないが、立場を変えればものごとはまったく違った様相を見せるものだ。

僕の目には、永い付き合いを求めていると言いながら、次から次へと短い恋愛を重ね、関係そのものの吟味に無関心な人は、接着剤をビニール袋に入れてシンナー遊びをしているように見える。

そして二丁目にはそういった人たちをいくらでも見ることができる。

長く続く特別な関係を作り上げるには、恋愛感情ではなく、愛に基づいた信頼関係を保っていくというビジョンが必要だ。そして、そのビジョンを実現させるための努力を厭わない意志を持っていなければならない。

どんな努力が必要かは実際の関係作りの中で学んでいくしかないが、まずはビジョンを持つのが先決だ。ビジョンなしには何事も遂行できない。「何」を手に入れたいかを想定せずに「どのように」手に入れるかを考えるのは無意味だからだ。

「男同士ってどうやったら長続きするの?」と問うゲイは二丁目でもたくさんいるが、「どんな関係なら双方が長続きさせたいと思うか」を考える人はあまりにも少ない。

自分にとってだけ都合のよいファンタジーを相手に投影して、そのファンタジーと付き合っていくのではなく、自由意思を持って行動できる自立した二人の人間が双方で続けていきたいと思うような関係（これから、こういう関係を「関係」と記します）とはどんなものなのだろうか？　それを考えずに、「どうやったら……？」ばかりを先行させていても、結局はなんの問題解決にもならない。

もし男同士での長い付き合いを求めているのなら、「関係」に関してのビジョンを持つことを真剣に考えなければならない。

ノンケの世界には結婚という制度がある。ゲイの中には、ゲイにも結婚制度が適用されれば、安定した関係が増えると考えている人もいる。

現代のように恋愛結婚が一般化している状況では、恋愛の向こう側に結婚が用意されていることが、恋愛をキッカケに始まった男女の関係を長続きさせる大きな要因になっているのは確かだろう。しかし、もともと結婚は恋愛の帰結として用意されたものではない。逆に、以前からあった結婚制度を補強するために、近代になって恋愛が動員されたという方が当たっている。また結婚は「関係」のために考えられたものでもなく、社会を存続させていくシステムとして考え出されたものだ。

男女に性役割を持たせて、一人では半人前として作り上げ、二つの役割を組み合せてやっと二人の一人前を完成させるというかたちで結婚制度は保持されてきた。そこには、二人の人間が互いに足りないものを補い合って協力するという、「関係」を作る際の重要な要素は含まれてはいるものの「自立した」二人の人間が協力し合うという、「関係」の中のもう一つの重要な側面が抜けている。

その点で結婚は、男同士の間に「関係」を作ろうとする人には、いろいろヒントになるものはあるが、参考にできない部分（もしくは参考にしてはいけない部分）もたくさんあるのだ。

自立を求める女性が増える中で、ノンケの結婚が大きな曲り角に来ているのもそのせいだ（自立を求める男性が少ないのは、この制度の持つもう一つの側面が見えているのよネ）。

これから、経済的にも精神的にも性的にも自立した女性たちが増えていけば増えていくほど、ノンケの恋愛はもっともっとゲイの恋愛に似てくるはずだ。そして恋愛の向こう側にたどり着くのが、どんなに大変なことか思い知らされるようになるはずだ。ゲイの関係が壊れやすいのはゲイの精神的欠陥だとか他人事みたいに言っていた人たちは大アワテになるでしょうね（ホホホ、いい気味！）。主体的に選択し合った人間が「関係」を作り上げる困難さをどう克服するかは、ゲイもノンケも関わりなく、それを求める人たちにとっては共通の大問題なのだ。そして、その傾向はもう後戻りできなくなってきている。

もちろん、ゲイが「関係」を指向するにはゲイ特有の問題がたくさんあり、それをどう克服していくかはこれからの課題だ。

例えば、ゲイである自分を受け入れるという問題一つとっても、むずかしい状況がゲイを取り巻いている。これは特に避けては通れない関門だ。「関係」の基礎となる重要な要素を受け入れずに、「関係」など作っていけるはずはないからだ。自分を愛さずに、他人を愛することなどできない。

またゲイは「関係」を作り上げたいという発想を持つのが非常にむずかしい。ゲイはそのようなことを教えられた経験もないし、誰からも期待されてこなかったからだ。

ゲイは、「関係」を持つことに関しては、極北の地に住んでいるのも同然なのだ。しかし、嘆いていても仕方がない。まずは望んでみることだ。そうすれば方法はなんとか見つけられるようになるはずだ。二丁目でも、長い「関係」を続けているゲイのカップルはけっこういるのだから。

頼るものがお互いの気持ちしかない厳しい環境の中で、実際に長い「関係」を続けているゲイたちの生活やものの考え方には、「関係」作りに関心のある人にとって参考になる何かがたくさん隠されているはずだ。

大げさに言えば、人類にとって新しいタイプの「人と人の深い関わり」を探る実験があちこちで行なわれているのだ。そして答えはまだ出ていない。

その答えを求めて、一緒に考えていく人が増えたら素敵だなと、僕は思っている。

4　美味しい果実の成る木

毎年正月の二日に、タックスノットに来ているお客を中心にした新年パーティが開かれるようになって、もう六～七年経つだろうか。

もともとは、気の合った何組かのカップルが親睦を深めるために出かけた新春温泉一泊旅行が始まりだった。

この手の、店中心に参加者を募って行く小旅行は二丁目では割とポピュラーで、どのゲイバーに

行っても、その時の写真を収めたアルバムを見せてもらえる機会は多い。

タックスノットの温泉旅行も五年ほど続いていたのだけれど、参加する人数が増えて収拾がつかなくなり、新年パーティというかたちになった。ここ数年は四〇～五〇人の人が集まる。

このパーティのため毎年自宅を開放して、ホスト役を務めてくれるのはレキとケイという二人だ。レキは四六歳、ケイは六六歳。二人は一緒に暮らし始めて二四年というタックスノットでは最長のカップルだ。僕と彼らとの付き合いも一七年を超す。

彼らは四年前、二〇周年を記念して、イタリアへ一カ月のオペラ三昧旅行に行ってきた。これは二人にとって、初めて一緒に行く海外旅行だったそうだ。付き合ってすぐに二人で海外旅行、そのまま成田離婚というような話をよく聞く二丁目では、このレキとケイの話には重みが感じられる。

密度の濃い状態を保ち続けなければすぐに壊れてしまうゲイの関係では、一年はノンケの関係の二年に相当するなんて冗談があるが、この計算でいくと、二人はもうすぐ金婚式を迎えることになる。そして、彼らは今でも本当に仲睦まじい。

新年のパーティにはそのほかのカップルもたくさん来るが、毎年、付き合い始めて一年にも満たないようなカップルも参加する。彼らの目には、レキとケイの生活は羨ましいという感覚を通り越して、想像を超えた世界に突入しているように見えるらしい。

自分の両親を考えてみれば、二〇～三〇年連れ添っていること自体はなんの驚きも感じないはずなのに、男同士の二〇年を超す関係が今でも気持ちよく続いているのを目の当たりにすると一種の感動すら覚えるのだ。

二人の努力の積み重ねこそが今の関係を築き上げただろうことは誰にも理解できるが、加えて、そこにはどれだけの神の恩寵があったかと思うと、妙に敬虔な気持ちにさせられる。それは、男同士の「関係」作りがどれだけ大変かを身に染みている人ほど強く感じる気分だ。ま、きんさんぎんさんに手を合せたくなるのと同じ感覚かしらネ。

こんなワケで、レキとケイはタックスノットでは高砂図の役割も果している（二人の翁が並ぶゲイバージョンだけど）。

二人にはいつまでも健康で仲睦まじくいてもらいたい。なにせ希望の星なんだもの。いつか本当の金婚式を迎える日が来るのを楽しみにしている。

僕はタックスノットでカップルをほかの人に紹介する時に、「こちらは○年目のカップルなんだよ」という言い方をよくする。また、新しいカップルがお客になった時は、「付き合ってどのくらい経つの？」と必ず聞く。

中には、僕が年数ばかりにこだわっているように感じ、違和感を持つ客もいるようで、「長けりゃいいってもんじゃないでしょ！」と何度も噛みつかれた覚えがある。

しかし、僕は正直言って、男同士の「関係」は長けりゃ長いほどいいと思っているのだ。

何度も言っているように、男同士の「関係」は非常に壊れやすい。お互いの気持ちしか頼るものがない状況では内容を伴わない長さなど存在しない。

おまけに、ゲイはその気になれば、いくらでも新しい相手を見つけることも可能だし、経済的に自立しているケースがほとんどだ。続けなければならない理由など何一つ持っていないのだ。ノン

ケのように、冷め切った関係のまま、諸々の事情で結婚を続けていたらそのうちよさもわかってきて、めでたく金婚式なんてことは基本的にあり得ない。

「付き合ってどのくらい?」という質問は、「運転免許とってどのくらい?」と聞くのとはワケが違う。男同士の「関係」ではペーパードライバーは即免停だ。

「関係」が続いている事実には、それを続かせてきた絆が途切れなかったという意味が当然含まれているのだ。

「関係」を続かせる絆とはどんなものなのだろうか?

前に、長い「関係」を求めるなら、まず「関係」についてのビジョンを持たなければならないと書いた。どのような「関係」なら続かせたいと思うか、というビジョンだ。

世の中にはいろいろな人がいる。ビジョンも人それぞれで違っているだろうから、一般解のようなものを示すことはできない。だから、ここでは僕の持っているビジョンを説明してみよう。

僕が欲しいのは、僕を理解し、受け入れ、僕が僕になることを支え、応援し、僕と一緒に人生を生きてくれる人だ。そういう人を、僕はパートナーと呼ぶ。そして、僕もその人を理解し、受け入れ、その人がその人らしく生きることを支え、応援し、一緒に人生を生きていきたいと思う。ようするに、僕もその人のパートナーでありたいのだ。

このように、お互いがお互いにとってパートナーであり得る平等互恵の関係を、僕はパートナーシップと呼んでいる。この理想的なパートナーシップが僕のビジョンだ。

しかし、パートナーシップが初めから完成したかたちで持てるはずもない。ビジョンはあくまでもビジョンだ。現実化していくには二人で努力していくしかない。現実的な意味で言えば、理想的なパートナーシップに一歩でも近づいていくために努力をし合っている関係がパートナーシップというワケだ。

これは、かなりのエネルギーを必要とし、恐ろしく時間のかかるプロセスだ。ということは、パートナーシップとはもともと、長い時間をかけなければ手に入れられないという意味を含んでいるのだ。

相手を理解する。自分を理解してもらう。言葉にすればこんなに簡単な事柄も、実践するとなったらどんなにむずかしく時間のかかる仕事かは、少しでも試した経験がある人にはわかるはずだ。自分を理解してもらう前に、自分が自分を理解していなければならない。何を伝えればいいかわからないからだ。また、自分を理解してもらうには、相手を理解しなければならない。相手のものの考え方に沿って自分を表現しなければ、伝わらないからだ。

人間が自分自身を理解するには何年もかかるというのに、まして他人を理解するなど、よく考えてみれば気の遠くなる作業なのだ。

僕は、パートナーシップは実の成る木を育てていくのに似ていると思う。その意味で、恋愛はパートナーシップの種子の発芽を促すキッカケでしかない。そこから先、大きく育つかどうかは二人の努力次第となる。

ゲイの世界はパートナーシップを育てるのには過酷な環境だから、発芽の後に細心の注意が必要だ。木が育つ条件を二人で作り出していかなくては、とても実が成るところまで持っていけない。しかし、いつか花が咲き、実が成るのだとイメージして（それがビジョンだ）育て続けられれば、豊かな収穫も単なる夢ではない。どんな種子にも、その可能性は秘められているのだから。

パートナーシップが木を育てるのに似ていると思うもう一つの理由は、成長のプロセスそのものを楽しめなければ、育て続けるのがむずかしくなるところだ。発芽の翌年に実が成らないと言って世話をやめてしまえば、木は確実に枯れてしまう。ちょっとした、一つ一つの成長を喜べる気持ちの有無が結果に大きく影響してくるのだ。

僕が、男同士の「関係」が長ければ長いほどいいと言うのは、こんな理由があるからだ。長く続けないとよい関係には育たないし、よい関係が育ち続けていないと、その関係を続けようとする意志がなくなってしまうのだ。

そこで問題になってくるのは、パートナーシップを具体的にどうやって育てていけばいいのかだが、ここではとても述べられない。それだけでも一冊の本になるほどのボリュームになってしまうからだ。

確かに、ちょっとしたアドバイス一つで、取り返しのつかない失敗を回避できる場合もあるし、いろいろなパートナーシップの例を知るのも参考になったりする。その点では、パートナーシップについてできるだけ情報を集めるのも大切かもしれない。

しかし確実に言えることは、もし男同士の間にパートナーシップを育て上げたいと思うなら、まずはやってみるしかない。レシピをいくら読んでも、料理は味わえないのだ。

始めさえすれば、試行錯誤の中で、失敗も成功も含めて多くを学んでいくだろう。その経験を頼りに一歩一歩進んでいくしか方法はない。

いつかパートナーシップに関心のある人が増えてきたら、そのための情報も提供されるようになるだろう。それまでは自分の直観力を信じながら前進あるのみだ。

今の僕としては、こんなにおもしろいものはないですよと言うしかない。ま、「パートナーシップ園芸クラブ」からの入会のお勧めといったところかな？

5 結婚の甘い水

日本全体で考えれば、ゲイで結婚している人は相当な数にのぼるはずだ。もちろん、ゲイが何人いるのかのデータがあるわけではないから、ゲイの既婚者の数も正確にはつかめない。しかし、日本におけるゲイの状況から考えて、ほとんどのゲイにとって、望むと望まぬに関わらず、結婚しないという選択肢をとるのはむずかしいのだ。

二丁目に集う人々でも四〇代以上のかなりの人が既婚者だろう。サラリーマン系の少し高めの年齢層が多い店では、既婚者が圧倒的マジョリティというところもある。逆に、タックスノットは結婚しないというタイプが多い。

若い子が集まる店では当然結婚している人の数は限られるが、いずれは結婚をしなくてはならないと感じている二〇代のゲイは今でも多いようだ。

結婚はゲイにとって頭痛のタネだ。

いずれ結婚するしかないだろうと覚悟を決めているゲイでも、しなくて済むのならどんなに楽だろうと考えている方が多い。特に、女性との性交渉に嫌悪感を持っているタイプにとっては、考えるだけで憂鬱になる問題だ。

中には、女性とのセックスが苦痛でない人もいるし、どうしても子供が欲しい、「ちゃんとした家庭」が持ちたいと考える人もいる。そういう人にとっては、性的指向と結婚はまったく別の次元の問題として捉えられているようだ。

とにかく、結婚を避けたいゲイの上にのしかかってくる結婚へのプレッシャーは驚くほど大きい。そのプレッシャーの先頭に陣取るのは、もちろんのこと親だ。息子が三〇歳を過ぎる頃になると、親から吹き出す「結婚はどうする台風」は超大型に発達する。それまでは、子供のやりたいようにやらせていた親までが突然変身するから、けっこうのんびり考えていたゲイも不意をつかれて吹き飛ばされてしまったなんて話はザラだ。

その風は会社からも吹いてくる。堅めの会社に勤めている場合ほど風圧は高い。

もともとゲイは結婚にそれほどの意欲があるわけではないから、いくら強い風が吹いたからといって、結婚相手を自分で積極的に探そうという気はない。そこで、風に乗って何枚ものお見合い写真が飛んでくるという寸法になる。

タックスノットのお客の松ちゃんは、今までに四〇回以上のお見合いをなんとかくぐり抜けてきた強者だ。本人には結婚の意思はまったくないらしいけど、親の顔を立ててとか、会社の義理とかでお見合いそのものは断れないのだそうだ。

「だって、男の方から断るのってむずかしいんでしょ？　もし気に入られちゃったらどうすんのよ！」

「大丈夫！　絶対相手から断らせるいい方法があるんだから」

「そ、それってどんなの？」

「わざと嫌な態度をとると、紹介してくれた人の顔を潰すことになるから、いたって紳士的に振舞うようにするんだよね。そのうち、そろそろ若い方たちだけにしてとか言って仲人さんが消える。ホテルのラウンジかなんかでカクテルでも飲みながら話を盛り上げる。で、頃合を見計らって、『ところで、あなたはハンカチのアイロンのかけ方知ってます？』と切り出すんだ。たいてい相手は『いいえ』と答える。そしたら、まず布目に対して斜めにかけて……と丁寧に説明するんだよ。これをやると相手は、こんなに細かい人と結婚するとシンドそうと思って、たいてい向こうから断ってくるんだよ」

「でも、それで相手がひるまなかったらどうするのよ！」

「大丈夫なの！　その次は『じゃぁ、シーツのアイロンのかけ方知ってます？』ってのを用意してあるんだ。シーツまでアイロンかけさせられちゃたまんないって、絶対思うから」

「……」

神様、どうか松ちゃんがアイロンかけを趣味とするお嬢さんに当たりませんように。

ゲイが結婚することに対してはいろんな意見がある。中には「一人の女性を犠牲にするなんて許せない！」と息巻くゲイもいる。昔は、僕もそういうタイプだったけど、今は少し違った考え方をするようになってきた。

結婚は当人同士の合意の上で成り立つものだ。女性も結婚に際しては、充分相手を見極め納得しなければいけない。当然そこには責任も付いてくる。

よく「それは女性をだましているのだ」という言い方をする向きもあるけど、その女性にとって彼女の知る限りではよい結婚相手と思えているのなら、彼女にとってそれはよい結婚なのではないだろうか。もし問題が発覚した時には、ノンケの結婚において不倫の問題をどうするかというのと同じ対処をすればいい。慰謝料ふんだくるのもよし、会社にふれ回るもよし、結局は当人同士の信頼関係がどうなっているかの問題なのだ。

実際、多くのゲイが結婚をし、セックスをし、子供を作って、家庭を築いている。それにはそれなりのリスクが伴っているから、多くのゲイは家庭を壊さないようにエネルギーを使っているのだ。そういう意味で、ゲイも女性も結婚にはある覚悟が必要なのだと思う。

タックスノットに来ていたある既婚者に「その女性をどうして結婚相手に選んだの？」と質問したことがある。彼は、結婚してもうるさくないかどうかだけを選定基準にしたのだそうだ。そして三回のデートで結婚が決まった。

実際、彼は結婚式の翌日から外泊をして、彼女に自分の行動パターンに慣れさせていったという。

「それで彼女は平気なの？」と聞くと、「別に文句言わないからいいんじゃない。今は子育てに気持ちが向かっているから、僕には関心ないみたい」

正直言って、聞いた直後は、なんてひどいやり方なんだろうと思った。でも、少ししたら、彼女は結婚をどのようなものだと考えているのかしらと思い始めた。「亭主元気で留守がいい」タイプの女性と、「生活費はちゃんと入れるから外では自由にさせておいて欲しい」タイプの男性は、ある意味でバランスのとれた組み合せかもしれないというのが、僕の最終的な感想だった。

こんな例もあった。

トンちゃんは、タックスノットに長いこと通ってくれたお客だった。うちで出会った人と何年か付き合ったこともあり、多分この人は結婚せずにやっていくんだろうなと思っていたので、突然結婚することになったと聞かされた時はビックリした。

彼の話では、彼女には自分のゲイの部分もはっきり話してあるという。今までのことはなんでも知っておいて欲しいので、自分が通っていた場所も見せたい。だからタックスノットにも彼女を連れて来たいけど、構わないかと聞いてきた。僕も彼女に会いたいと答えた。

一週間後に、二人でやってきた。ちょっと地味な感じの女の子だったけど、人柄がよさそうに見えた。僕は「トンちゃんがこれからお世話になります。よろしく」なんて親戚のおばさん風に頭を下げながら、いろんな結婚があるんだなぁと妙な感慨にふけった。

それからトンちゃんはパッタリ来なくなったから、結婚生活を続けているんだろうな。

ゲイにも女性にもいろんなタイプがいる。そして抱えている状況もみんな違う。だから、ゲイの結婚と言っても一色ではないのだ。

だからゲイなのだから結婚はすべきでないとは言わない。しかし、そこには相手があるのだから、自分だけの都合のよいファンタジーだけではうまくいくはずがないことだけは肝に銘じておく必要がある。

結婚するかしないかを考えているゲイの話を聞いていて、僕がいささか危惧するのは、その結婚観があまりにも旧来のままだというところだ。女性の結婚観が大きく変化しつつある時代に、結婚すればすべてが解決するように考えているオキラクタイプが多いのには少し驚いてしまう。結局ゲイも男なのよね。

結婚だって、信頼関係を取り結べなければ長続きするのはむずかしい時代になってきている。結局、同性間であろうと異性間であろうと、パートナーシップを築くのは大変な作業なのだ。どちらを選ぶにしろ相当の覚悟が要る。そして、その結果には自分で責任を負わなくてはならない。

ま、僕が関係を作るのなら、本当に好きな人とやっていきたいと思うけどネ。

文学座の十八番「女の一生」での杉村春子の当たり役、布引けいのセリフにこんなのがある。ハーニャさんから教えてもらったのだが、とっても気に入っている。

「誰が選んでくれたのでもない、自分で選んで歩き出した道ですもの。間違いだと知ったら、自分で間違いでないようにしなくちゃ」

6　いろいろな関係を模索して

一対一の関係を守り続けるパートナーがいなければ幸せになれない。僕には、かたくなにそう思い込んでいた時期があった。

でも、二丁目でいろいろな人の生き方を見ているうちに、こうでなければならないかたちなんてないのだと気づいた。こう考えられるようになったら、僕はずいぶんリラックスして自分のやりたい生き方を追求できるようにもなった。もし、それが手に入らなくても、ほかにも幸せになれる方法はいくつもあるのだから。

僕はタックスノットを毎週三日休んで、その時間を原稿書きや作品制作にあてている。その、僕が休んでいる月、火、水に店をやってくれているのはテラちゃんだ。

彼は四年ほど前、それまでテキスタイルデザイナーとして勤めていた会社を辞めて、好きな茶道に専念しようとしていた。当時タックスノットは、僕一人で切り盛りしていたので、週に二日閉めていた。ひょんな話から、閉めている日がもったいないというので、その二日間店に入ってくれるようになり、それ以来ずっと働いてくれている。

彼は自分の休みの日には、お茶を教えたり、フリーでテキスタイルデザインの仕事をしている。

彼は、僕のようなパートナーシップ幻想を持っておらず、人生は基本的に一人で生きていくものだと達観している。かといってパートナーシップを拒否しているわけでもない。言わば、来る者は拒まず、去る者は追わずと淡々と生きているといった感じか。

僕がパートナーシップを人間関係の基本に据えているのに対し、テラちゃんは友情を人間関係の中心に置いている。それも近すぎず離れすぎず、あまり濃密にならない関わり方がいいようだ（そう言えば、お茶の雑誌に『淡交』ってあったよね）。一番大切なのは自分のペースで、だからこそ他人のペースも尊重する。友情という、ある程度距離の保てる関係だからこそできるやり方なのかもしれない。

テラちゃんを見てると、こういう生き方の方が人間としては自然なのかなという気がしてくる。世の中には、一人の方が絶対気楽でいいよ！　としきりに言いながら、どこか無理に頑張っているタイプも多いが、彼にはそういう気負いが感じられない。そこが、一人で生きていくのも素敵だなと人に思わせるようだ。

タックスノットでは、僕がパートナーシップの応援歌をジャンジャン鳴らしているので、客は「お付き合い」に関心のある人が多い。そういう客にとって、自分が元気な時はその雰囲気も嬉しいのだが、ときおり「二人の関係作り」との大格闘に傷ついてしまった時などは、テラちゃんのありようが有難く感じられたりするようだ。

僕も、カズが亡くなって、それから先の生活に不安を感じていた時に、テラちゃんの生き方を見て、ずいぶん救われる思いがしたものだ。

結局、一人で生きても幸せになれるし、二人で生きても幸せになり得る。そして、もっと違ったかたちもありそうだ。

四六歳のムラキーは一軒家に男三人で暮らしている。一人は、もう二〇年以上も一緒に生活している田部さんで、ムラキーの最初のパートナー。彼はムラキーより一〇歳ほど年上だ。もう一人はムラキーの新しい恋人の若きシュウちゃん。ムラキーとはもうすぐ三年の付き合いになる。

ムラキーは夕ごはんを作って三人で食事を済ませると、シュウちゃんと二人で連れだって二丁目に遊びに来る。田部さんはもう二丁目は卒業という気分らしい。

三人は一つの家族を構成しているのだ。

ムラキーと僕とは一〇年くらい前からの付き合いで、初めのうちはムラキーと田部さんのカップルでタックスノットに来ていた。

ムラキーは田部さんに対してパートナーということばを使わない。彼の言い方で言えば、田部さんはとても大切な家族の一人なのだ。これからもずっと一緒に暮らしていくつもりだという。シュウちゃんは恋人でもあり、大切な家族の一人でもあるらしい。

ムラキーは、田部さんとは性的な関係を持たなくなってからずいぶんと経つようだが、シュウちゃんとの間には今でもエッチがあるようだ。

田部さんにとっても、ムラキーは好きだの嫌いだのという次元を超えた大切な家族の一員だ。そして、田部さんは新しい恋愛には興味がないそうだ。

シュウちゃんにとってみれば、田部さんの存在は自分の恋人のおじさんかお兄さんといった感じで、同居も気にならないらしい。

じつは、四~五年前までは、シュウちゃんの場所には豆太君という子がいたのだが、彼に新しい恋人ができて、その場所から抜けていったのだ。だから、これから先に、このニュータイプの家族がどんな構成員で成り立ってくのかはわからない。

こういう関係に対して嫌悪感を持つ人もいるかもしれない。だけど、彼らは全員が納得してやっているのだ。別にだまし合っているワケではない。そこはとても重要なところだ。

もし人間が嫉妬という問題を解決できれば、こういう家族の形態も可能なのだろう。

長く付き合っていると、二人の間に性的な関係がなくなるのは自然なことだ。その問題をどう解決するかは、その当事者の考え方次第でずいぶん違ったものになる。解決できなければ別れるしかない。ムラキーたちは一つの解決方法を見つけたと言えるだろう。

違った解決方法を試している二人もいる。

スカちゃんはもうすぐ三〇歳。四年目を迎える付き合いの相手は四歳年下だ。

二人はそれぞれに相手のことを特別な存在だと思っている。だけど二人の間にはエッチがなくなって久しい。これは、まだまだ性的なエネルギーの旺盛な二人には大きな問題だ。だからと言って、これで別れてしまうほど、今までに築き上げてきた信頼関係は軽くない。

彼らは、どこのカップルもいつかは迎えるジレンマに陥っているのだ。

スカちゃんにとってエッチはそれほど重要ではないのだが、スカちゃんの彼にとっては、それのない生活は考えられない。そして彼にとって、スカちゃんを性的欲望の対象として見ることはもうできないのだ。

こういう時には、相手にわからないようにほかでセックスをするとか、不倫をするとかというかたちで乗り越えようとするカップルが多い。しかし、これには問題がある。情緒的なものを動かさずにセックスだけをできる人ばかりではないからだ。このやり方は、時として二人の関係にヒビを入れ、取り返しの付かない状況を起す危険性があるのだ。

スカちゃんたちは、それを避けるために、違った方法を選んだ。売り専を利用することにしたのだ。

売り専の子を相手にエッチをしている限りは情緒的なものが入り込んでくる心配がない。それは、あくまでも処理としてのセックス。マスターベーションとなんら変わりはないというワケだ。それに、これなら隠し事をして、気まずい思いをする必要もない。

二人は時々一緒に売り専に行き、それぞれの相手を買うのだそうだ。

これが彼らなりに見つけた、関係をおわらせないためのやり方だ。これも外部からは、どこかが歪んでいるように見えるかもしれないが、二人はまだこれよりよい方法を見つけられないので、クエスチョンマーク付きながらも納得し合っている。

排外的な一対一の関係をキープしようとすると、こんなふうにどこかに無理がかかってくるのは仕方がない。こういった関係はもともと、人間にとってインポシブル・ドリームの範疇に入る、だいそれた望みなのかもしれない。

そこで、こんなかたちで現実的な対応をしている人もいる。

カンちゃんは三〇代半ば、外資系の会社に勤めるエリートサラリーマンだ。彼はずっとパートナーシップを求めてきた。だけど、なかなか思うようにいかない。

タックスノットに来るたびに、口癖のように「誰かいい男紹介して！」と言い続けている。だけど、そう言いながらも、彼にはあまり切実な感じはしない。それにエッチにも不自由しているようにも見えない。

じつは、彼には時たま会って、食事をして、その後ベッドにも一緒に行くという関係を長い間続けている相手が何人もいるのだ。彼に言わせれば、それは付き合っているのでもなんでもないのだそうだ。言わば、友だち以上恋人未満といったところか。

何人もいるから、それぞれの都合が合った時だけしか会えなくても、それほど不自由はない。相手にも、自分のほかに同じような相手がいるので、ある意味で平等な関係だ。お互いを束縛し合うような排外的な付き合いでもない。それぞれが濃密な恋人関係を持っている時は邪魔をしない。これは一対一の濃密な関係とは違う、ゆるやかな連合体とでも言うべき関係の持ちようだ。

カンちゃんは口では「こんなのは僕の本当に求めているものではない」と言っているが、僕には、彼は彼にとって一番安定した場所にいるように見えるのだ。

多分、彼はこれからも、この状態を続けていくのだろう。これは結果的に彼が見つけ出した、自分に合った関係の持ち方だと思うのだ。

人が他者とどのような特別な関係を持つのか（また、持たないことも含めて）、ずいぶん多様なやり方が可能なようだ。

人にはそれぞれ自分に合った生き方がある。今は、たくさんの人が自分にはどんな生き方が合っているのかを探している時代だと思う。

二丁目でも、たくさんのゲイが自分に合う生き方を探して、試行錯誤を繰り返している。テラちゃんも、ムラキーも、スカちゃんも、カンちゃんも、そして僕も、みんなその流れの中にいるのだ。

自分に合った生き方、自分のやりたい生き方を探しながら、充分それを楽しんでいるのが一番幸せなことなのだろう。

二十八年後の蛇足コメンタリー 4

この第五章の「美味しい果実の成る木」で紹介したレキとケイのその後をお伝えしたいと思います。タックスノットでは、彼らカップルは「二人の翁が並ぶゲイバージョンの高砂図」の役割を果たしていた、と書いています。この本の中では二人は二十四周年を迎えていました。

彼らはその後も仲睦まじくパートナーシップを続けていましたが、二人が五十周年を迎えるはずのお正月に、ケイは九一歳で亡くなられました。心不全だったそうです。彼らを慕う僕たちは、ゲイカップルとしてはなかなか実現できない、金婚式を祝うのを楽しみにしていたのですが、残念ながらそれも叶いませんでした。最後の最後までレキに看取られて、穏やかに逝かれたことを考えると、むしろその見事な幕引きに拍手を贈りたいと思う気持ちさえ起こりました。時はまさにコロナの感染大爆発の真っ只中、もし入院していたら面会もできず、最期を看取ることさえできなかったはずなのに、レキは在宅医療サービスを選択していたので、二人は最後の時を静かに迎えることができました。それは悲しみの中にも、救いの見出せる状況でした。

五十年近く居心地の良いパートナーシップを続け、望める形の中で最も納得のいく

終わりを迎えることができた二人には惜しみない拍手を送りたいと思います。

ただ忘れてはならないのは、残されたレキには今までとは違った人生が待っています。素晴らしいパートナーシップにも必ず終着駅があります。残された人はそこで新たな人生の列車に乗り換えて、自分の人生を精一杯生きてもらいたいと望むのは、一緒に人生を共有してきた友人たちの切なる願いです。お互いに支え合って人生を豊かにしていきたいです。それがケイの最も望むことでもあるでしょうから。

ケイは相澤啓三とおっしゃる著名な詩人で、レキのことを詠んだ詩をいくつも残しています。

その中で僕の大好きな詩をここでご紹介します。二人が二十周年を迎え、イタリア旅行に行った時のことを思い出して詠まれた詩です。

アイスクリームを持ったわたしの天使が
広場を越えてくる
自動車のわきをすりぬけて
黒いカスターニョの木陰に入って輝いている

わたしが見つめているのに気付いた顔の

嬉しくてたまらない子供のひたむきな顔の
わたしの天使は近付いてくる
ここまで近付いてくる

サンタ・カタリーナ様の眠る聖堂前の階段に
へなへな崩れ落ちた老人に向かって
ニコニコ笑って近付いてくる
ずっとずっとここに

野を走り山を越え時間を抜けてきた真夏
白い前髪のわたしは感謝といとしさで
心臓があふれだしそうになっているのに

だってぼくだって疲れている遠い遠い旅の日盛りなんだからと
いたわりの天使は来る
アイスクリームを両手に持ってずっとずっとそこに
初めてめぐり会った遠い遠い時の爽やかさのままに

やがて広場の階段から老人の姿が消える
秋そして冬
じっとじっと凍りつくことのないように
アイスクリームを持ったわたしの天使のために
最も優しい天使の群れよ
七彩の翼を広げたまえ
愛によって支えあいながら

第5章　いろいろな宝物

1　一番美しいもの

恋人やパートナーをいらないと言う人はいても、友人がいらないと言う人はまずいないだろう。どんな友人関係を望むかは、その人その人で違うが、友人は人生において必要欠くべからざるものの一つだ。

二丁目は、ゲイにとって、友人を見つける場所でもある。そのことは、ゲイがこの街で恋愛の相手やセックスの相手を見つけるよりも、じつはずっと大切なことなのだ。

二丁目に来るまでは本当の意味での友人を持っていなかったという人の話を、僕はたくさん聞いてきた。ゲイの友人を持つまでは、自分がゲイであることを理解してくれる（理解とまではいかなくても、受け入れ、尊重してくれる）友人を持つのはごく稀なのだ。

基本的にゲイは、ノンケの友人とは、自分の性的指向を隠したかたちで付き合っている。もちろん、そのことを話さないからといってよい関係が持てないワケではないが、何度も言っているように、性的に引かれ合うことは社会のいろいろな側面に関わっているので、それに関連する話を避けていると話題は非常に限られてしまい、リラックスして心を通わせるのがむずかしくなってしまうのだ。

「人が人を精神的にも肉体的にも好きになる」という人生における重要な要素を取り除いたら、一体何が語れるというのだろう。政治や経済だって結局は、そのことと深いところで関わっているのだから。

またゲイ自身も隠していることで、相手に対して壁を作ってしまいがちだ。「どんな人間関係でも何もかも話しているワケではない」と言い訳を用意しても、心のどこかで相手に対して不誠実だという感覚や、どうせわかってはもらえないという感じを持ってしまうことがある。

ゲイの友人を持つまでは、こういった問題点はゲイ自身にもあまり意識されない。しかし一度でも、話したければ何を話してもいい相手とリラックスした関係を持ってみると、この問題の大きさを思い知らされるはずだ。

人間は傷つくことを恐れているが、それ以上に、全体的に理解してもらいたいという欲求を強く持っている。

ゲイにとって、ゲイの友人を持つ重要性は、相手がゲイだからではなく、ゲイであることを隠す必要がないという理由から来ている。同じゲイだから、自分の持っている問題や関心を必ず共有できるというものではない。ゲイは、ゲイであることを除けば、それぞれに違う人生観やバックグラウンドを持った人間なのだ。同じゲイだという理由でみんなが友だちになれるのなら、人間皆兄弟、

世界からとっくの昔に戦争がなくなっていたはずだが、世の中そんなにシンプルではない。

ゲイが自分の全体的なありようを隠す必要がなくなれば、ゲイにとって、友人がゲイかゲイでないかは大した問題ではなくなる。しかし現状では、ゲイにとってノンケは、心を通わす関係を作るには大きなハンデを抱えた存在なのだ。

だからこそ、一般の社会の中で心を許す友人を得にくいゲイにとって、ゲイの友人を持てた場合には、その嬉しさはひときわ大きなものになる。まして、親友とも呼べる関係を作り上げられたら、一生の宝物を得たのにも等しい喜びが感じられるのだ。

二丁目に長く通っている人の中には、そういった宝物を手に入れ、大事にしている人がたくさんいるし、それぞれの生活に深く関わった十年来の友人を持っている例はいくらでもある。ある意味で敵に囲まれて生きているような状況では、そういった本当に心の許せる友人を持つ意味は大きい。それは、ノンケにとっての友人が持つ意味より、ずっと重要なのだ。

僕は二丁目に来たての新人がうちの店にやってくると、まずは友人を見つけることを勧めている。

ゴローちゃんは、もうすぐ三〇歳だ。

彼は二丁目に対してどこか怖い場所というイメージを抱いていたらしく、初体験が中学の頃という長いキャリアにも関わらず、つい最近まで二丁目を意識的に避けていたという。

たまたま、小さい頃からの友人だった女の子がレズビアンということがわかり、彼女に連れられてタックスノットにやってきた。

うちの店が肌に合ったらしく、横浜に住んでいるハンデにもめげず通ってくれるようになった。ある時、例によってほかの客がいなくなった機会に、彼といろいろ話し始めた。最初のうちは音楽の話などをしていたのだが、そのうち、どんなセックスが好きなの？とかいう話になった。ほかの客がいないのも手伝って、ずいぶんアケスケに語ってくれたのだが、話がおわると、彼は顔を真っ赤にしながら「オレ、人とこういう話をしたの初めて！」と妙に感激してくれた。

ゴローちゃんは、最近までゲイの友人を持った経験がなかったので、自分の性的な欲望を人の前で口にしたことがなかったのだ。「こんなこと話せるなんて、なんかすごく嬉しい」と、彼は本当に嬉しそうだった。

彼が話したセックスの内容は、はっきり言って、全然過激なことではない。ただ誰にも言わないでよという彼の気持ちをくんで書かないだけなのだが（約束守ったわよ！）、もし書いたとしても、二丁目海千山千連盟の方々からは馬鹿にされてしまうような内容だ。そのバカバカしいことさえ口にできなかったゴローちゃんの気持ちを察してあげて欲しい。

ゲイが自分の性的欲望を肯定するのは、ノンケ優勢の社会ではかなりむずかしい。そのゲイが、ノンケの友人とどんなに親しい関係を作っていたとしても事情は変わらない。どんなタイプが好きか、どんなセックスが好きかを楽しく話をするだけでも、自己の受容は進んでいけるのに、それはノンケ相手では無理なのだ。

ゴローちゃんは、それがキッカケなのか、それからまもなく地元の横浜でお気に入りのゲイバーを見つけて、そこに毎週末遊びに行くようになったらしい。友だちもたくさんできたようだ。その

店では、すっかり若い子のお姉さん格として、ブイブイ言わせているという話を彼の友人から聞いた。

二丁目を敬遠していたゴローちゃんはすっかり大変身したようだ。薬が効きすぎたかなぁ……。ノンケの社会にうまくアジャストしてきたゲイほど、内側に小さなホモフォビアを抱えている。そのホモフォビアを溶かしていくには、友人の力がどうしても必要だ。

それも説得ではなく、その友人の生き方を目の当たりにすることが大事なのだ。生き生きと暮らしているゲイの友人の姿を見ることほど雄弁な説得はない。

その友人と楽しい時間を過ごすうちに、自分の中で何かが少しずつ変化していく。自己の受容が進めば、人を見る目も、自分を見る目も、社会を見る目も変わっていく。そして、また違った友人を見つけていけるのだ。

もし二丁目がセックスだけしか供給してこなかったら、これほど長い間、これほど大勢のゲイを引き付け続けてはこなかっただろう。

この街を通じて、たくさんのゲイがたくさんの友人を手に入れてきた。

できた男の数を競い合う友人もいる。結婚生活をうまくやっていくためのアドバイスをし合う友人もいる。文化を語り、セックスを語り、人生を語る友人がいる。ゲイはこの街で、時にはからかい合い、時には慰め合い、時には叱咤激励し合ってきた。

この街の表面しか見ずに、性的欲望だけが吹き荒れている人間関係の砂漠だと思っている人もいるようだが、この街には友情という地下水脈がいたるところに流れているのだ。

「砂漠が美しいのは、どこかに井戸をかくしているからだよ……」
「そうだよ、家でも星でも砂漠でも、その美しいところは、目には見えないのさ」

――『星の王子様』より

2 世界的なネットワーク

二丁目の大きな魅力は、幅広い層の人に出会えることだ。

年齢、職種、バックグラウンド、趣味（男のではない）が違う人が、こんなに狭い区域に一堂に集まるのだ。そして、それがいくつも店を行き来するのだから、二丁目にでも来ない限りは一生出会えないようなタイプの人とも知り合えたり、友情を育んだりするチャンスが生まれる。

これは、ゲイにとってリラックスできる場所が限定されている状況から生まれた副産物なのだが、これを考えると「ゲイで得した」という気分になる。高級官僚と長距離トラックの運転手が「意気投合できる」可能性のある場所は世の中にそうザラにはない。

こういうメリットを生かして、二丁目に来ているゲイの交友範囲は、日本の一般的なノンケのそれよりもかなり広くなる。

会社で「自分の友人のおもしろい話」をしていて、そんな人とどこで知り合えたのかと聞かれ、

ドギマギしたというゲイの話も二丁目ではよく聞く。

二丁目という接点を通じて、一人の友人ができると、その友人にも何人かの友だちがいるから、そこに小さなネットワークができあがる。そのネットワークはほかのネットワークとつながるというかたちで、二丁目全体が一つの大きなゲイのネットワークのように機能しているのだ。そして、この大きなネットワークは日本各地のネットワークにもつながり、世界のネットワークにもつながっている。これは決しておおげさな話ではない。

二丁目で一人の友人を手に入れると、この世界的なネットワークへのアクセス権を手に入れたのも同じだ。

例えば、A君が今度タイに旅行を計画しているとする。A君はタイについての情報が欲しいと友人のB君に言う。B君は彼を連れて僕の店にやってくる。多分、僕はつい最近にタイに行ったC君と、タイに何度も行き、現地に友人の多いD君を紹介するだろう。そこでA君は、C君からタイのゲイシーンに関する最新の情報を得ることができるし、都合さえつけば、D君から紹介されたタイのゲイの友人に案内をしてもらえるかもしれない。また運がよければ、C君の友人のE君を通じて安いディスカウントのチケットも手に入れるというオマケが付いてくることもある。

これとは逆に、僕も、ニューヨークに住んでいるQPちゃん（覚えてる？多摩美のホモ牛乳よ！）からの紹介で、何人かのアメリカ人の東京見物の案内をしたことがある。

これはネットワークの利用のほんの一例だ。このネットワークをどう使うかは、その人次第なのだ。

今までにも、タックスノットというアクセスポイントを通って、ある人は新しい引越し先（それもたくさんのゲイの御近所付きの）を見つけ、ある人はゲイに人気のブランドのファミリーセールの情報を手に入れ、ある人はパートナーの急死に伴う遺産問題を相談できる弁護士を知ることもできた。中には、このネットワークを見事に仕事に活かしている人もいるし、新しいビジネスチャンスを模索している人もいる。

最近はゲイのパソコン通信が盛んだ。僕もＵＣギャロップというネットにアクセスしているのだが、そこに遊びに行くたびに、二丁目ってパソコン通信によく似ているなと思う。いろいろなトピック別に用意されているたくさんの部屋は、二丁目の様々な店に相当している。遊びに行く人が、自分の好みに従って、部屋（店）を選び、そこを回遊しているのだ。

そこには、重要な情報から当人以外にはまったくおもしろくもない情報までが、混じり合いながら大量に流れている。その中から、個人個人が収捨選択をしながら、自分の欲しい情報を手に入れ、友人や恋人まで手に入れられる。

ほかの客にわからないように興味のある相手にウィンク（メール）を飛ばすのもいれば、店全体を巻き込んでの論争を繰り広げているのもいる。

考えてみれば、二丁目がパソコン通信に似ているというより、パソコン通信が二丁目の「ある機能」とよく似ているという方が正確なのだろう。二丁目は、パソコン通信が生まれる前からずっと、こんなことをやってきていたのだ。

パソコン通信には、空間的、時間的な制約がないという大きなメリットがあるし、ある人にとっ

たら実に面倒くさい、二丁目におけるその店その店の「お作法」がないので入っていきやすく、誰にでも開かれているという優れた特徴を持っている（お金もかからないしネ）。二丁目に限らず、各地にあるゲイバー街に行けない人にとって、電話線一本でゲイのネットワークにつながるようになった意味は計り知れないほど大きい。

しかし、だからと言って、二丁目の存在理由は揺るがない。

二丁目の最大の特徴は、どんなに面倒な要素を含んでいようと、たくさんの生の人間関係をダイナミックに持てるところだ。これは時代が変わっても、大切にしていきたいゲイにとっての財産だ。やはり人間関係の基本は個人と個人が生で接することなのだから。

ゲイのパソコン通信でも、オフラインパーティと称する生の触れ合いを重要視しているところを見ても、人間は結局はそれを求めているのがわかる。

最近日本でも、ゲイの部分を否定しないで、「ゲイのライフスタイル」を貫いていこうとする人たちが少しずつだが増えてきている。

今の日本では、自分の意識上の問題を解決すれば（ま、これこそ困難なのだけれど……）、自分の生きたいように生きるのは不可能ではない。いろいろと不便もあるだろうが、とにかくやれないことではないのだ。

しかし、そういった生活を送るにもコミュニティの支えがないとむずかしい。一つのライフスタイルを選択し実行するには、そのライフスタイルを認め、支えてくれる周囲の力が必要なのだ。ゲイにとって、今の日本でその役目を果しているのが友人であり、そのネットワークだ。

地域に根差したコミュニティを持ち得ないゲイにとって、友人は気心の知れたお隣さんであり、口うるさい親戚のおばさんであり、進路を相談する高校の先生でもある。

ゲイの友人のネットワークは、それぞれがたくさんの役をこなし合う、小さな村のコミュニティみたいなものだ。このコミュニティは時間とエネルギーをかけなければ手に入らないが、一度手に入れれば、地縁や血縁に限定されていない分だけ快適なものとなる。なにしろ自分で選択できるのだから。そして取り替えも可能だ。

この、無数に存在する小さなコミュニティも、二丁目を接点につながっている。

新宿二丁目は小さな友人のネットワークがつながり合った大きなネットワークであると同時に、そのままゲイにとっての大きなコミュニティの役割も果しているのだ。

今年の正月にＮＨＫで「スエ村」という六時間にも及ぶドキュメンタリーが放映された。そこには、過疎の問題に苦しみながらも、日本の小さな村の共同体がまだ生き生きと機能している様が映し出されていた。相互扶助、温かい人情、協力して執り行う村の祭り。

ナレーションは、この村には日本から消えようとしている心豊かな生活がゆったりと流れていると語る。確かにそこには「地域社会に根差した美しい人間関係」が描かれていたが、見終わってから僕は思った。こんなところじゃゲイは生きていけないと。

こういった人情味溢れる地域社会で、なぜゲイが生きていきにくいのか？　その理由をじっくり考えてみれば、なぜノンケ社会の伝統的なコミュニティが崩壊していくのかも理解できるはずだ。

悪いけど、これじゃ消えていっても当然だわと思ってしまった。

一方、僕は二丁目を通じて、地域を共有はしていないが、相互扶助、温かい人情、季節ごとにイベントを作り上げていく協力体制を持った、多くの友人から成るコミュニティの中で暮らしている。

この街は、日本から消えたと思われている心豊かな生活を、装いを新たに生み出す力も持っているのだ。

今まで孤立無縁の状態だったゲイが、二丁目で一人の友人を見つけたとしたら、それは彼が考えている以上に大きな意味を持っている。彼はやっと大きなコミュニティの中に身を置くことができ、自分の望む人生に進み始める下地を整えられたというワケなのだから。

3　悲惨な老後って何？

当たり前の話だが、ゲイも老いていく。ノンケに比べてずっと若々しく見えるとは言っても、ゲイにも平等に老いはやってくる。

「ゲイの老後」。この言葉ほど、結婚せずに生きていこうと思っているゲイの気持ちを憂鬱にさせるものはない。

僕の母親もよく言ったものだ。「ゲイだってことは仕方がないとして、若いうちはいいけど、年取ってからはどうするの？　頼る家族もなくて、悲惨な老後になるんじゃないの！」

こういった悪気のない親切（?）な助言は、けっこう割り切っていたつもりの僕にもボディブローのようにじんわり効いてくる。体の自由もきかずに寝たきりになって、たった一人天井だけを見つめ続けるシワシワの僕が目に浮ぶ。やっぱり僕の生き方は間違っていたのだろうか……。

いけない、いけない！　うっかり引っかかってしまうところだった。この手の話には気を付けなければならない。

「結婚＝妻や子供が面倒みてくれるから安心」対「結婚しないゲイ＝ひとりぼっちの悲惨な老後」。このレトリックは、本人の心の隅に巣喰うホモフォビアに揺さぶりをかけてくるから、妙に説得力を持ってしまうが、もともとフェアな比較ではないのだ。結婚した場合の最良の状態と比較するなら、せめてゲイライフの最良の状態を取り上げてもらわなくては公平ではない。

もし、最悪の状態に備えるのが危機管理だと言うなら、「結婚したけど、六〇歳の時の離婚訴訟で老後の資金を取り崩すしかなく、あてにしていた子供もみんな冷たくて見向きもしない悲惨な老後」と「最初から覚悟して経済的にも精神的にも準備していた、悲惨なゲイの老後」を比べなくてはおかしい。

世の中の親がゲイの子供に向かって結婚を勧める時には、必ずこの手の不公平なレトリックを使ってくるから御用心。

現実的には、ノンケの男も結婚を老後の保証として考えられるような時代ではない。

老後は誰と暮らしたいかというアンケートで、「夫よりも気心の知れた女友だちと暮らしたい」と答えた妻がかなりの割合でいるのに、夫の方はといえば、お気楽にもほとんどが「妻」と答えているのだ。

老後、気心の知れた女友だちと暮らしたいと望む女性たちと同様に、ゲイのライフスタイルを模索するゲイの中には、気心の知れたゲイの友人と住みたいと考えている人もいる。

また一緒に住まないまでも、何かあった時には、ゲイの友人のネットワークを頼りにしている人は多い。ここでも、多くのゲイは友人を一番の支えとして考えているのだ。

これは、同性とのパートナーシップを目指している人も例外ではない。パートナーのどちらかが死ぬまで関係が続いたとしても、残された方は、その後一人で生きてゆくことを想定しておかなければならないからだ。

基本的には、それぞれの個々人が老年期にも自立したかたちで生きていけるように準備する。そして、何か手助けが必要になったり、万が一のことがあった場合を考えて、気心の知れた友人による相互扶助的なネットワークを作り上げておく。こんなところが、多くのゲイの考えている老後の対策だろう。経済的なことでは、子育てをしないなら、ゲイはその分を将来のための蓄えに回すことも可能なのだから、有利な点さえあるのだ。

タックスノットでも、四〇代後半（ようするに僕の同年代ということね）の客ばかりが揃った時など、老後の話が出ることが多い。この年代は、今まさに自分の年老いた親をどうするかという問題を抱えているのが多いから、いきおい話はリアリティを帯びてくる。

同じマンションにみんなで入れたらいいとか、共同で集合住宅を建てるのを検討してみてもいいとか、でもみんなワガママだから、せいぜいスープの冷めない距離にかたまって暮らすのが実際的だとか、半ば冗談で、半ば真剣に話は続いていく。

そのうち、あんたのオムツは誰が替えるんだとか、ボケたらあんたは手に負えないとか、お前には意地悪されたから床擦れができても知らん振りしてやるとか、だんだん話は自虐的にエスカレートしていき、大笑いしてお開きになる頃には、一同「悲惨な老後みんなで迎えりゃ恐くない」という気分になっている。

こういった冗談半分の話でも、キーワードはゲイの友人だ。

このことからもわかるように、ゲイにとっての友人の意味は、ノンケにとっての友人の意味とは比べものにならないほど大きいのだ。

僕たちのグループは、配偶者や子供をあてにせずに、友人のネットワークやゲイのコミュニティの相互扶助を機能させ、自立し充実した老年期を作り出そうという実験をこれからやっていこうとしているワケだ。

これぱっかりは、やってみなければどんな問題が出てくるかもわからないし、どんな利点があるのかもわからない。ま、結果はお楽しみにといったところか。

ゲイのライフスタイルとかゲイのコミュニティとかいう概念を持って、自分の人生を選びとってきているのは、僕らの上の世代には少ないから、僕たちの世代がどれだけ充実した老後を作り出せるかが、ゲイのライフスタイルを考える上で大きな意味を持ってくるだろう。

『アウト・イン・アメリカ』という写真集がある。

副題が「ポートレイト・オブ・ゲイ・アンド・レズビアン・ライフ」と付けられたこの本は、僕

がここに数年間に見たものの中で最も気に入った写真集だ。

これは、アメリカの様々なゲイとレズビアンの生活感溢れる写真を二五〇枚ほど集めたもので、年齢、職業、人種、バックグラウンドが偏らないように注意深く編集されている。

タイトルにある「アウト」とはカミングアウトしているという意味で、すでにカミングアウトしている個々人を集めているが、全体としても、ゲイ・アンド・レズビアン・コミュニティの、アメリカ社会に対するカミングアウトとなるようにも意図されている。

一枚一枚の写真は、それほどインパクトの強いものはないが、それぞれの写真に付けられたキャプションを読みながら最後まで見終わると、ゲイとかレズビアンと言っても結局はごくごく当たり前の人間で、みんなそれぞれの場所で懸命に生きているのだというメッセージが、頭にではなく心に直接伝わってくるような作りになっている。

これは本当に優れた、感動的な写真集だ。ぜひ一度ご覧になることをお勧めする。

その中で、こんな写真が載っている。

ガウンを羽織った七〇歳くらいの二人の男性が、台所で朝食の後片付けをしているモノクロームの写真だ。キャプションを読むと、「二人はＳＡＧＥ（高齢のゲイのための親睦団体）で出会い、一〇年一緒に暮らしている」とある。

一〇年も関係を保っているのも素敵な話だけれど、彼らが出会った時には二人とも六〇歳を超えていたのだと気づいたら、とても嬉しくなってしまった。

ゲイが六〇歳からでも新しい関係を始められる。そして一緒に暮らそうと決心する。そういうことを応援するコミュニティが存在する社会って、僕は素晴らしいと思った。

最近日本でも、高齢の男女が通い婚のかたちで、第二、第三の人生の門出を迎えるような話もよく耳にするが、そんなことがアメリカではゲイの間でも行なわれているのだ。

SAGEは高齢者同士の親睦を図るだけでなく、カウンセリングや様々な相談にも応じてくれる機能を持っているようで、そのうち日本でも同じ様なネットワーク作りが必要になるだろう。

どんな問題でも、こんな目に遭っているのは自分一人だと思っていると、解決方法を探し出す前に諦めが来てしまうが、同じ様な問題をたくさんの人が共有していると知るだけでも精神的な負担が軽くなるものだ。そして、その問題を共有している人と協力し合えば、何か答えが見つかっていくはずなのだ。

そうやって蓄積された情報は、また新たな問題を抱えた人たちへと伝えていける。

人生は実際に生きてみなければ、何が起るかわからない。漠然とした老後の不安を理由に、今現在必要としているものを手に入れるのを躊躇していたのでは、いつまでたっても何も手に入れられない。まずは生き始めてみることだ。

考えてみれば、老後を生きている人なんかはいない。人は常に今を生きているのだから、今を充実させることを積み重ねていく以外に、人生を生きる方法はないのだ。

「ゲイの老後」を悲惨にするのもしないのも、本人次第というワケだ。

4 ラベンダー色の金鉱

初めての「ヒゲ・ナイト」は大盛況だった。

昨今では、ノンケのディスコでも月に一度くらいの割で「ゲイナイト」を催すところも少なくないが、ここ二丁目では半年ほど前に、もっとターゲットを絞り込んで、ヒゲ専のゲイを対象にした企画が生まれたのだ。それが「ヒゲ・ナイト」だ。

二〇〇人も入ればかなりの過密状態になる「バー・ディライト」に、入れ替わり立ち替わり、なんと六〇〇人以上のゲイが好みの男を求めて集まったのだ。そこでみんながヒゲ好きなハンターになり、ヒゲを生やした蜘蛛女に変身した。

ぎゅうぎゅう詰めの店内には、二丁目もまだまだ元気なんだと思わせてくれる、セクシーなエネルギーに溢れた「魅惑の宵」が出現していた。

風営法の影響で二丁目からゲイディスコが消えて以来、「バー・ディライト」は二丁目の真ん中に久々に帰ってきた踊れる場所だ（ダンス好きのゲイにとっては長い冬の時代が続いていたのよネ）。

ここはディスコとして営業しているのではなく、基本的に貸しスペースとして営業している。だから、毎晩違ったプライベート・パーティが行なわれているという形式をとっているワケだ。これなら警察のチェックも気にせずに、安心して夜中まで踊れる。

ここでは、プロデュース感覚のある人が使用料を払えば誰でも「ナントカ・ナイト」と銘打って、自分の好みのテーマで企画したパーティを開ける。「ヒゲ・ナイト」もそんな企画の一つで、これは実に大当たりだった。

流す音楽の趣味を前面に押し出したものが多い中で、ファンタジーをくすぐる「男のトッピング」をテーマにした企画は、誰もが欲しがっていながら、誰もやらなかったものだったので大ヒットになったのだろう。それにヒゲをテーマにしたおかげで、日頃若い子中心になってしまう客層以外の、熟れた男たちも引き付けることができたのだ。

あそこに行けば「デキるかもしれない」という期待で膨らんだ男たちの熱気を見事に吸い込んだ、まさに企画力の勝利だ。

ハントショットと呼ばれるゲームのために、番号が書かれたシールを体に貼り付けたヒゲのお兄さんが、御自慢の身体を見せつけて踊ったり、酒を片手に壁の花状態だったりしながら、誰に投票しようかと物色している店内にいると、マーケットの「一お肉」になったみたいで、店を放り出して覗きに来た僕もドキドキしてしまった。

タックスノットの客もずいぶん参加したようだった。翌日には、その話題でもちきりだった。

「六〇〇人超えたんだって！」

「一人三〇〇〇円ずつ払ってるんだから、それだけで一八〇万円の売り上げよ」

「ひぇー、ゴーカ！」

「使用料や経費差し引いたって、プロデューサーには一〇〇万以上のお金が入ったっていう計算だよね」

一同「スゴーイ!!」

と、色気よりも経済方面に関心が集まってたけど……。

この成功に、この手の企画は次々に生み出され、「デブ専ナイト」とか「男ナイト」とか、今でも賑やかなようだ。

ゲイが自分の楽しみのために落すお金は、日本全体で見たら相当の金額になるはずだ。二丁目だけで考えてもかなりの額になる。そこに流れ込んでくるお金は、その産業に従事するゲイの生活も支えている。バー、ビデオボックス、売り専、ポルノショップでのビデオや雑誌の販売と範囲はまだまだ限られているとはいえ、これはもうゲイの一大産業だと言っていい。これから、こうしたゲイをターゲットにした産業は、規模も範囲も広げながら、大きく育っていくだろう。

ゲイのライフスタイルが確立しているアメリカでは、ゲイマーケットは酒場とかエッチ系の産業だけでなく、ファッション、インテリア関係、旅行、ハウジング、ゲイのベンチャービジネスのための資金を貸し出す銀行業務までと多岐にわたっている。

ゲイが必要とするものをゲイが供給する。そこにラベンダー色をした（ゲイはこの色で表されることが多い）ゲイ・マネーの循環が生まれ、ゲイ・コミュニティ内部に資金が蓄積され、ゲイの雇用も生み出している。これは、ゲイ全体の社会に対する発言力を増大させる大きな力にもなっているのだ。

お金はすべてではないかもしれないが、その力の大きさは誰も無視できない。

最近ではアメリカのノンケの経済界でも、ゲイの購買力に目をつけた戦略を採用する会社が増えてきているようだ。お得意のマーケット・リサーチで、ゲイやレズビアンと自覚している人は全米人口の六パーセントには上るとはじき出して、こんな未開拓の領域を放っておく手はないと判断したらしい。

今年はニューヨークで、ゲイのビジネス・エキスポが開催されたというのだから、ストーンウォール事件からほんの二五年でアメリカの社会は目を見張る様変わりを見せたワケだ。

パワーを結集して、自分たちを否定する社会と戦わざるを得なかったアメリカとは事情が違うので、日本にまったく同じ状況が生まれるとは言い切れないが、金がもの言う社会という点ではひけをとらないこの国で、ゲイの購買力を当て込んだビジネスがあれこれ花開く時代もそう遠くないと思われる。

もちろん、これはゲイだと自覚し、ゲイのライフスタイルを追求する人たちの増加の如何にかかっている。今の日本では、ゲイだと自覚している人は多くても、それを生き方の問題としてとらえている人はまだまだ少ないので、どうしてもゲイ産業はエッチ系中心もしくはゲイバー街中心に限られがちなのだ。

しかし、今の二〇代三〇代のゲイがいつまでも、今まで上の世代の多くが送らざるを得なかったライフスタイルを選択し続けるとは思えない。ゲイは生き方なのだという自覚が、生活全般に関わる様々なものへの欲求を生み出すのだ。

ゲイが欲しいものを手に入れようと思うなら、誰が欲しがっているかを社会に示さずには、その

実現はむずかしい。ここでも「アウトしている」ゲイの存在が大きくものを言いそうだ。夜明けはすぐそこまで来ている。

僕は今から二〇年ほど前に『薔薇族』の編集をしていたのだが、その時、編集長の伊藤文学さんに創刊の頃の話を聞かせてもらったことがあった。ゲイの実態なんてまったくつかめなかった時代だったので、ビジネスとして成功するかどうかの確信はなかったそうだが、雑誌を出版してみると、それはまるで砂漠に水をまくように吸い込まれていったという話だ。

「その時、僕は金鉱を掘り当てたと思ったよ」と、伊藤さんはニコッと笑って言った。

僕は、その金鉱ということばに非常に強い印象を持った。その金鉱からは、今でも七つものゲイ雑誌の経営を成り立たせている「金」が採掘され続けている。本当に金鉱だったのだ。

ヒゲ・ナイトと『薔薇族』を同じに扱うのは乱暴かもしれないが、誰もが欲しがっていながら、誰もやっていないものを提供できれば、そこには大きなビジネスが成り立つというよい例だと思う。

今はゲイをターゲットにしたビジネスを始める絶好のチャンスだ。いろんな条件が整ってきているのに、まだそれがはっきりしたかたちを見せていない。だからこそ、ゲイのライフスタイルを求めていこうと思っている人に、このチャンスは大きく開かれている。自分が欲しいと思うもので今の社会にないものは、なんでもビジネスになる可能性を持っているのだから。

何千人ものゲイが集まる二丁目は、そういったビジネスのヒントをつかむ格好の場所でもある。この点は、もっと注目されてもいいはずだ。

ビジネスセンスと、ある程度の資金力を持つゲイが、試行錯誤を繰り返しながら、いつかゲイの実業家へと変身するのを見られる日が来るのが、今から楽しみだ。二丁目に、いろんなアンテナ・ショップが立ち並ぶのを想像するとニマニマしてしまう。

ゲイ産業の発展は、ゲイが欲しいものを手に入れられるようになるという、ゲイだけにとってのメリットに留まらず、内需拡大を求められている日本全体に関わる重要な側面だって持っているのですワ！

5　いつか日本のゲイゲームスが……

今年の五月に、吉祥寺のバウス・シアターで東京国際レズビアン&ゲイ・フィルム&ビデオ・フェスティバル（長い名前！）が催された。

この映画祭は今年で四回目を迎えたのだが、年々盛り上がりを見せ、規模も少しずつ大きくなってきている。今年は、初めて日本作品のコンペティションも行なわれ、最終日の最後のプログラムでは、その作品紹介と一緒に授賞式も用意されていた。

僕もコンペティションの審査員として参加していたので、舞台の上から作品の講評などをさせてもらった。

この映画祭にはアメリカ人のスタッフが参加しているので、配布されたリーフレットも含めて完全にバイリンガルになっていて、インターナショナルと銘打った企画としてもなかなか上出来だっ

たと思う。

フィナーレではレインボー・フラッグ（アメリカのゲイリブで使われるようになったシンボルで、人間の多様性を表している）が何枚も翻り、レズビアンのシンガーソングライターの歌う、元気な「カムアウト！」の声が響き渡っていた。

アメリカのゲイリブ直輸入って感じも多少否めなくはなかったが、自分たちにもやっとこういったお祭りが持てるようになった嬉しさと興奮が会場を包み、次回の映画祭の成功を期待しながらの幕となった。

こういった企画は多くのボランティアの力によって支えられているので、アメリカのゲイリブで培われてきたノウハウが大きく役立っている。そこで、当然日本でもゲイリブ的な運動に興味がある人たちが主体となって進められている。できるだけ多くの人に見に来てもらうためにも、ノンケのメディアも利用しなければならず、意志的に社会にカミングアウトできる人の存在も欠かせないからだ。

ここ数年、リブ的な発想で動いている様々な運動も、しっかりとした歩みを続け、ゲイやレズビアンの社会的認知を高めたり、生活を楽しむための選択肢も広げつつある。

この映画祭は、アカーが起している東京都に対する裁判と並んで、リブ系のめざましい成果として評価されていいものだと思う。

リブ系の運動が社会へ、そして昼の時間へと、ゲイやレズビアンの時空間を広げつつある時に、二丁目は相変わらず閉ざされた夜の空間で酒やセックスにうつつを抜かしているのだろうか？

じつは、この映画祭の最終日と同じ日に、二丁目の何軒かのゲイバーやそこに集まる客が中心となったゲイのテニス大会が開催されていた。

このテニス大会の参加者は、ゲイメディアなどを利用して広く募ったものではなく、基本的に店同士のネットワークやテニス仲間の口コミを通じて集められたのだが、ゲイのペアが八〇組もエントリーした、かなり規模の大きいものだった。

この大会の詳細はプライバシーの問題もあるので（フォーカスでもされたら困るしという気分が主催者側にはある）あえて書かないようにするが、その時の雰囲気だけでもお知らせしたいと思う。

その日は、タックスノットのお客のラクちゃん（あの秋風を感じた営業マンよ）も参加するというので、映画祭の前に応援を兼ねて見に行った。

参加者が一六〇名、運営委員や応援の人を含めると二〇〇名を優に超えるゲイたちが二〇面のコートに散らばり、日頃の練習の成果を披露したり、飲み物の世話を焼いたり、ゲイにしては控え目な（完全にノンケと隔絶した環境じゃないからネ）声援を飛ばしたりしていた。

ゲイが二〇〇人も集まればどんな雰囲気になるかと大きな期待と小さな不安を胸に出かけてみたのだが、遠目には別にごく普通のテニス大会といった感じだった。

しかし、ぐっと近づいてみると、体自慢があちこちにいたり、やたらとヒゲが多かったり、ピアスはいるわ、五〇歳近くの茶髪がいるわといった具合で、やっぱり期待した通りに独特の「華やかさ」が溢れていた。それに、着ているものがボーストとかチェルッティがやたらと目につき、ショートパンツの下にはけつ割れサポーターが透けて見えているのも何人もいて、ゲイの面目躍如といったところ。

さすがにプレーヤーへの声援には「強気で行け！」とか「ドンマイ、ドンマイ」と野太い声を響かせていたが、そばに寄って耳を澄ませば、おネェことばが飛び交い、プレーヤーの品定めなんかにも忙しそうで、僕はすっかり嬉しくなってしまった。

チーム名も「ピンクアマゾネス」だの「箱入り娘」だの「脱いでもスゴイんです」と、ゲイテイストがにじみ出ていて、それも僕を喜ばせた。

一見ありふれたテニス大会に見えても、この日のコート全体にはゲイのオーラが充満していた。見る人が見れば、みんなの白いテニスウェアがラベンダーがかって見えたはずだ。

僕が応援に行ったラクちゃんのペアは強豪相手に善戦はしたものの、残念ながら優勝はできなかった。なにしろ参加者にはインターハイの出場者も含まれているので、優勝決定戦に出るにはかなりのプレーヤーでないとむずかしいというのがラクちゃんの説明だった。

五月の気持ちよい空の下で、こんなに大勢のゲイが本当にリラックスしてスポーツを楽しんでいる姿を見ていると、自分の一〇代の頃から考えれば確実に何かが変わったなと、感慨深いものが込み上げてきた。

この日、僕はゲイのテニス大会とレズビアン・アンド・ゲイの映画祭と二つの大きなイベントを目の当たりにすることができたワケだ。

寝る前には、「長生きしてよかった」と妙に老人めいたセリフを吐いてしまった。

楽しむこと、それは文化だ。そして、楽しみ方は人それぞれ違う。映画祭も文化なら、テニス大会も文化だ。

そういった意味で、二丁目はずっと前から文化を生み出してきた。酒を飲み、いろんな話を語り合うのも一つの文化だ。そして、それは二丁目が最も得意とする分野でもあったが、最近では多くのゲイが、この二丁目で知り合ったネットワークを通じて楽しみ方の時間や空間を広げる傾向にある。

変わらないように見えて、僕の若い頃に比べれば二丁目はずっと多様になってきている。

二丁目にはテニスに限らず、それぞれのゲイバーを拠点にして水泳のクラブやバレーボールのリーグもあり、野球のチームさえある（や、野球よ！）。

タックスノットでも、みんなでおもしろがってやっているうちに、三冊の別冊宝島「ゲイのなんたら」シリーズが生まれた。特に、後から出た二冊はタックスノットに来ているお客なしにはできあがらなかった本だ（どうもウチは文科系への偏りが強いんだけど……。で、でも、ウチにもオトメ・ワンダーフォーゲル部という唯一の体育会系のクラブもあるのよ！）。

二丁目では、どの店でも何かが結晶する要素を潜在的に持っている。後は誰かがそこに、その核となるものを投げ込むかどうかだけなのだ。

ほかにも、開店何周年の記念日に商売を度外視したかたちで、練習に時間とエネルギーをかけたエンターテインメントを提供してくれる店もある（こういったショーはほんとにゴーカなのよ！）。

また、六年ほど前から年に一度、マスターと客が協力して年末に芝居の公演を打っている店さえある。その「ペンペン草」の公演はゲイのメディアなどでも何度も取り上げられているので、二丁

目でも有名だ。

僕も一回目から見せてもらっているが、いつもゲイテイストに溢れた素敵な芝居を見せてくれるので、毎年年末のお楽しみになっている。

規模の大小はあれ、二丁目で生まれたどんな文化にも、それぞれの参加者の楽しもうというエネルギーが満ちている。

この「楽しみたいという欲望」こそがゲイ全体をも動かす重要なエネルギー源だ。

僕たちはもっと楽しんでいいのだ。一つの楽しみ方を手に入れれば、次にはもっと質的にも量的にもパワーアップした楽しみ方が欲しくなっていく。

その過程で、その楽しむことを阻むいろいろな問題にも関わらざるを得なくなっていくのだ。理念や理論は重要だが、それだけでは人は動かない。

まずはどんなことでもいい、できるところから楽しみ始めることだ（ヒュー、ヒュー！）。

いつか日本でも、アメリカのようにゲイゲームスやアート・フェスティバルといった催しが開かれる日がやってくるはずだ。その日はそんなに遠くないと、僕には思える。

その時に、今までに二丁目で生まれ、またこれから生まれていくであろう様々な小さな楽しみ方がきっと大きな役割を担うのだと確信している。

やっぱり、まだまだ死ねないワ！

二十八年後の蛇足コメンタリー5

二丁目は酒飲んで、騒いで、消費するだけの街のように思っている人も多いかと思うのですが、ここには文化を生み出す力も秘めているのです。そんな話をしましょう。

二丁目のゲイバーの中には周年パーティと銘打ってお客様に趣向を凝らしたショーをお見せするという文化があります。形式としてはドラァグ・ショーが多いかな。派手な、というか笑えるほど盛った女装姿でリップシンク（口パク）しながら踊ったりコントをしたりするのです。お客様はママのとんでもない姿にヤジを飛ばしたり、笑い転げたりしながら、大騒ぎができて、おまけに飲み放題食べ放題もついてるので大満足。店側はご祝儀相場の会費をいただき売り上げグングン伸ばして大大満足という仕掛け。日頃野郎系で売ってるマスターもこの日ばかりは女装して大はしゃぎして、お客様から「けっこう好きなのね」と揶揄されたりして…。男って女装するととにかくハイになるものなのね。

もちろん毎週末に二丁目で開かれるクラブイベントでは、筋肉自慢のゴーゴーボーイとドラァグクイーンのショーは定番で、筋肉とドラァグ衣装は実は同じものなのだと気づかせてくれます。これも二丁目の文化の一つであります。こういう動きは二十

八年前の頃にもすでにあったけれど、最近ではますます盛んになり、ドラァグクイーンやゴーゴーの数も増えまくっています。そんなドラァグクイーンの中にはテレビやショービジネスの世界に羽ばたいていった人が何人もいます。

他にも周年パーティの代わりに、毎年芝居を公演することで有名な店もあったり、何年かに一度いくつかの店で合同演劇公演を打ったりする動きも見られます。

タックスノットでも二〇〇三年に、僕が脚本を書き、出演もした芝居『違う太鼓』を二丁目にあった小劇場で公演したこともありました。この公演の記録映像がユーチューブに上げてありますので、興味のある方は「違う太鼓　連続再生」と検索をかけていただくと見られます。

また二〇一九年には、この芝居に出てきた二人の十五年後を描いた『トモちゃんとマサさん』を紙芝居風に作り、これもユーチューブで公開しました。こちらも「トモちゃんとマサさん　連続再生」と検索をかければご覧になれます。この脚本はパートナーのシンジが書いてくれたんですよ。

なんだか文化創出の話をしていたはずだったんだけど、いつのまにか自己ピーアールに変幻しちゃったみたいね。ま、僕も二丁目文化の落とし胤ということで。イエイ!

第6章　リブリブした話

1　ゲイという選択肢

どうしてゲイになったのか？　二丁目のどこのバーでも、これに関する意見は、軽い話題として、繰り返し交わされてきた。

ゲイだと自覚した人なら、誰でも一度は考えてみたことのある素朴な疑問だろう。異性に引かれるのは当たり前と考えて思考停止できる、ある意味でお気楽なノンケとは違って、ゲイは「私はどうして私なの？」と問わざるを得ない。

もちろん誰一人正解を見つけ出した人はいないはずだ。ヘテロセクシュアルな欲望がどのように成立しているのかを知っている人もいないのと同じように。

それでも、ゲイは誰でもそれなりの答えを持っているのもおもしろい。その人が一番納得できるかたちで結論を出してしまえば、そこから先、そのことについてあれこれ考える必要がなくなるからだろう。

女ばかりの環境で育ったから。一人っ子だったから。末っ子だったから。父親の影が薄かったから。母子家庭だったから。こういった単純化された環境説で納得する人もいれば、「生まれつきなのよ！」の一言で済ます、強硬な先天説を信奉する人まで様々だ。

こういった原因には、大きく分けて、先天説と後天説の二つの流れがある。

医学の世界でも、同性愛という概念が生まれて以来ずっと議論が続けられ、いろいろな学説が生まれてきた。精神障害説から始まり、心理的未発達説、家庭環境説、胎内時におけるストレス説、ホルモン異常分泌による欠陥説など、順に並べていけば、社会が同性愛をどのように見てきたかの歴史を綴った一冊の本ができるくらいだ。

そして、それらの学説にのっとって、数多くの治療法が考えられてきた。電気ショックによる嫌悪療法、ホルモン注射などによる薬物療法、カウンセリング療法など、こちらもけっこう華やかだ。しかし、どれもめざましい結果が得られなかったので、欧米の医学界などはある時から同性愛を治療の対象から外すようになった。

最近では、脳の構造上の問題とする説や遺伝子によるものとする説も浮上してきている。

全体としては、後天説から先天説へと重点が移ってきているようだ。

これには、先天説なら誰かが責任を負わなくてよいという政治的な判断が働いているような気もするのだが……。

僕としては、原因は別にどうでもいいワというのが正直な気持ちだ。それよりも、原因究明が常に治療法の確立への意欲と結び付いている危険性の方が気になる（今は遺伝子だっていじくり回しちゃうんだものネ)。僕にとっては、ゲイがどう生きるかの方が重要だ。

ま、それはおくとして、人間はとにかく知りたがりなのだから、人間の性的欲望の成り立ちを見極めるまでトコトンやって欲しい。

でも、この試みは、異性愛だけを正常なものと考えたい人たちにとってはパンドラの箱になると思うけどネ……。

先天説をとるにしろ、後天説をとるにしろ、同性への性的欲望は自分の意思で選びとったものではないという見方が大勢を占めている。また長い間、ゲイもそのように主張してきた。

果して、ゲイは自分の意思に関わりなくゲイになれるのだろうか?

この設問には、原因究明よりもっと大事な、ゲイがどのように生きるかという大きな問題が隠れている。

ゲイの権利とかゲイ・プライドという言い方がある。この場合の「ゲイ」には、単に性的に同性に引かれる男性という意味以上のものがイメージされている。

じつは、「ゲイ」はアメリカのゲイリブの歴史の中で、作り上げられた新しい概念でもある。それでは「ゲイ」とはどんな概念なのか?

ゲイリブがゲイと言う時には、自分の性的欲望を人生に全面的に関わらせていこうとする意志を持った同性愛者が想定されている。

もちろんそこには、ストレート(ノンケ)も自分の性的欲望を人生に全面的に関わらせていると

いう前提がある。そして、この考え方の底には、ゲイとかストレートに関わらず、人間は性的欲望を人生に全面的に関わらせたい欲求を持つという認識がある。その点で、性的欲望を非常に重視した、ある意味で非常にアメリカ的な考え方なのだ。

こういった考え方をどう判断するかは、それぞれの個人に任せるとして、この視点から見るか見ないかで社会はまったく違った様相を呈する。

社会が性的欲望を中心に回っているとする考え方から見ると、今の社会のほとんどのものがヘテロセクシュアルの性的欲望と関わっているのだ。

恋愛のイメージ、家庭のかたち、家族の中心にある男女のペアという単位、その家族を基本に考えられた社会制度を見てみるといい。加えて、異性の恋人と一緒にいるという幸せのイメージ、コマーシャルなどを通して流される性的欲望を刺激するイメージはどうだろう。社会を映し出す鏡としての文化全般も例外ではない。生活に密着した大衆文化ではその傾向は著しい。映画、演劇、コミック、小説、歌謡曲に溢れる、引かれ合う男女の姿。性的魅力を引き出そうとするファッション。いちいち挙げていったらキリがないほどだ。

科学技術や経済活動や宗教さえ、そういった社会を支えるというかたちで性的欲望と無縁ではない。露骨に性的イメージを強調していなくても、世の中の「楽しい」とか「幸せ」とかいうイメージには、ほのかに香るヘテロセクシュアルな性的欲望が満ち溢れているのだ。

こういった、社会に対する物の見方が理解できないと、「ゲイ」という考え方も理解できない。ようするに、異性愛者が性的欲望を土台にして人生を楽しんでいるように、同性愛者も人生を楽しむ権利があるという発想がゲイリブの中心にある。

ゲイということばには、もともと楽しいとか陽気なといった意味があるのだが、それを自分たちを表すことばとして選びとったのには、人生を自分たちなりのやり方で楽しみたいという気持ちが表れているからなのだ。

ゲイという概念には、同性とセックスしても構わないじゃないか！ といった消極的な考え方には納まりきらない、ライフスタイルそのものが想定されているワケだ。

ホモセクシュアルであることは個人の選択によるものではないが、ゲイであることは自分の意思による選択が必要なのだ。

言い替えれば、ヘテロセクシュアルをホモセクシュアルには変えられないが、ホモセクシュアルをゲイに変えるのは可能だということだ。

そしてゲイリブの主目的はここにある。ホモセクシュアルをゲイとして解放しようというのだ。世界中には、日本も含めて、ホモセクシュアルではあるがゲイではない人がたくさん存在するという認識がゲイリブにはある。

どうしてゲイになったのか？ と僕が問われたとしたら、「ホモセクシュアルである自分を受け入れ、ゲイとしての生き方を選びとったのだ」と答えるのが一番正確な表現だろう。

今の日本の環境では、特に意思が重要なポイントになる。自分の意思による選択をしなければ、ゲイにはなれないのだ。もちろん、そこには選択しない自由も留保されているのだが……。

ことばに対して厳密な態度をとるなら、ゲイとホモセクシュアルははっきりと使い分けなくてはならないのだが、この本の中では、そこまで厳密には区別せずに、便宜的にすべてをゲイと言ってきた。いちいち書き分けているとキリがないくらいでも回りくどくなってしまうし、ホモセクシュアルをゲイと呼ぶ方が一般的になっているからという理由もあるのだが、できるだけ多くのホモセクシュアルがゲイとして自らを解放して欲しいという、僕のお節介な希望が反映しているからでもある。

前にも書いたように、僕はゲイリブによって救われた人間なのだ。すべてのホモセクシュアルがゲイとして生きるべきだとも思っていないし、また、リブという考え方がどこまで有効なのかは僕自身にも迷いがある。しかし、この考え方で救われるはずの人たちがたくさんいるであろうと信じているし、さしあたって、この考え方を包含しつつ、もっと大きな視野を持った考え方にもお目にかかっていないので、ひとまず一つのモデルとして広まって欲しいと思っている。

このような、ある意味で、性的欲望をあまりにも過大評価した世界観（大げさかしら）に対する検証はこれからの論議に委ねたいと思う。だけど、その時はゲイもノンケも平等にまな板に乗っけてネ。

誰が誰と寝ようと、誰が誰を愛そうと、誰も気にかけなくなる時が来たら、ゲイとかノンケとかということばも、ほとんど意味をなくしてしまうのだろう。

好むと好まざるとに関わらず、社会はそうした状況へ確実に動き出している。

2 二丁目とゲイリブ

二丁目とゲイリブはあまり相性がよくない。

と言うより、反目し合っているという気さえしてくる。モンターギュ家とキャプレット家みたいなものかしら。

二丁目もゲイリブも僕には大切なものだから、僕はロミオとジュリエットを一人二役でやっているといったところか。

ゲイリブ系の人の中には、二丁目の持つ、性的欲望ばかりが突出した（と思われる）享楽的な雰囲気が苦手な人が多い。生真面目な人がリブ系になりやすいので、性的なものには抵抗感が強いのだろう。

僕自身の経験から言うと、二丁目に対する一種の嫌悪感は、自分の中に巣喰っているホモフォビアの表れであることが多い。そして問題なのは、本人がそのことに気づいていないところだ。ホモフォビアが強ければ強いほど、二丁目に対する嫌悪感は大きくなる傾向がある。こうなると、その人の目には、二丁目に集まる連中は、同じようなタイプが内輪だけの小さな世界に閉じこもってセックスのことばかり考えているように映ってしまう。そして二丁目全体が、社会を批判的に見ることもなく、自分たちだけがよければ後はどうでもいいと考えているようにも見えてしまう。

自分がそんな連中と同じだと思いたくない気持ちが昂じてくると、二丁目という存在そのものを完全に無視するか、徹底的に否定するようになる。

リブ系の人たちは生真面目な人が多い分、ヘテロ社会の規範を充分に自分の中に取り込んでしまっているので、その社会が否定する性的欲望を肯定するのは大変な作業なのだ。

そういう困難を抱えている人にとっては、社会変革というような崇高な目的でも掲げないと、自分を変えていくのがむずかしい。

しかし、リブのグループの中でリラックスできるようになると、その内輪の世界でいくつもの性的関係を持つようになるのは珍しいことではない。

結局、二丁目でリラックスしてたくさんの性的関係を持っている人たちと基本的に変わらないことになる。これでは、自分の一番憎んでいたものは、自分の中の一番大きな願望と同じだったというのにほかならない。

確かに、二丁目はヘテロ社会に向けて働きかけたり、発言していく機能は備えていない。だからこそ、こういった大切な機能を果す役割を持ったリブの存在意義も大きいのだ。

しかし、二丁目にその機能が欠けているのを理由に、そこで多くのゲイが自己を解放させ、大切な友人を手に入れているという重要な部分を過小評価してしまうのは、冷静な態度とは言えない。

二丁目に来ている多くの人は特に社会変革などは望んでいない。二丁目で、自分の中のホモセクシュアルな性的欲望が充足され、そこに仲間がいてくれることでリラックスできれば充分なのだ。

彼らもまた、社会の規範を充分に自分の中に取り込んでいるので、ゲイとして生きていくライフスタイルを求めていくように自分を変えるのはむずかしい。

彼らにとって大切なのは、自分の家族や友人との間に無理な摩擦を生じさせずに自分の生活を守ることだ。その中で、少しずつでも、今まで否定していた自分を受け入れていけるようにしているのだ。

そんな彼らから見れば、ゲイリブを振りかざす連中は守るべき生活も持たない、特殊な、うっとうしい奴らにすぎない。

しかし、彼らもまた、自分の生きたいように生きられたらどんなにいいかという気持ちは充分に持っているのだ。そして、そのために社会に対しての働きかけが重要だということも重々承知している。そういう気持ちを抱えながらも、自分の抱える状況とのバランスをとって今そこにいるわけだ。

ゲイリブの存在は、そんなバランスを横から揺さぶりをかけて、気分を不安定にさせる。だからこそ、うっとうしいのだ。もし自分の中にリブ的な発想が皆無だとしたら、横でいくら騒がれても、ひゃー変な人たち！で済んでしまう。

このうっとうしい気分の裏には、ゲイリブ運動に突っ走れる人の状況への嫉妬や、自分が何もしないことへの後ろめたさなども隠れていることがある。そして、またまた、問題なのは本人がそれに気づいていないところだ。抑圧した自分の願望は、外側にある、その願望に相当するものへの憎しみとなってしまう。

この憎しみは、リブに対して完全無視か徹底的な否定となって現れる。

二丁目では、「リブなんて、自分がもてない欲求不満のハケ口なんじゃないの？」なんていう非

常に小馬鹿にしたもの言いをよく聞く。

「ウーマンリブなんてやるのはブスばかり」という初期の女性解放運動に向けられた揶揄は、ここでも再生産されている。

二丁目にうまく適応している人がよく口にするのは「別にゲイリブなんて必要じゃないわよ！悪いけど、あたしそんなものなくても充分に自分を受け入れてるし、解放できてるもん。もう解放しすぎて、おしりガバガバよ！なんちゃって」といったゲイリブ不要論だ。

ある社会に非常にうまく適応できた人は、適応できない人に対してゴーマンになってしまうきらいがある。これは、そのよい例だ。

二丁目の雰囲気が自己肯定にぴったり合う人もいる。しかし、この雰囲気では素直に自己肯定できない人もいるのだ。人はいろいろな考え方を持っている。二丁目がかなり柔軟な構造を持っているとはいえ、ここだけではカバーしきれない人が大勢いるのを忘れてはならない。

リブ的な雰囲気の中で初めてリラックスできる人もいるという事実が、二丁目に見事に適応した人にはなかなか見えにくい。そして、リブが社会の中で果している役割さえも見過ごしてしまう。

ゲイリブをやっている人も、二丁目に来ている人も、基本的には自分を解放するプロセスの途中にいる。リブ系の人には、二丁目もその役割を果していることがなかなか理解できない。しかし、その解放を助ける方法に多様性があるのはとても大事なことなのだ。

最近では、二丁目の雰囲気もちょっと違うし、かと言ってゲイリブもピンと来ないといった感覚の人が、ゲイのためのエイズボランティア活動から入ってほかのゲイと知り合うとか、ゲイのパソコン通信でゲイのコミュニティに参加するというかたちも出てきた。

僕から見れば、どれも、同じ山頂を目指しながら、それぞれ違った登山口から登り始めたようなものだ。

みんな自分に適したやり方で、自分を解放していきたいと思っている。そして解放度が進んでいけば、それまで避けていたジャンルのコミュニティにも入っていけるようになる。ゲイリブをやりながら、二丁目も楽しみ、パソ通で仲間を増やすなんて方法を軽やかにとっている人たちだって増えてきているのだ。

二丁目とゲイリブ。この水と油のように見える二つのものは、本来全面的に否定し合う関係にはなく、相互に補完し合いながら、全体のゲイの解放を促している部分を確実に持っている。

その部分を正しく評価せずに、相手に大きなレッテルを貼り、偏見を持って均質なかたまりとしてしか見ないのでは、ヘテロ社会が僕たちゲイに大きなレッテルを貼り付け、個々の豊かな人間性を見ないのとなんら変わりはない。

それこそが、僕たちを苦しめてきた大きな原因ではなかったのだろうか。

同じ過ちを繰り返すべきではない。

3　押し入れから出る日

カミングアウトということばを聞いたことがあるだろうか?

ゲイであるのを隠すのをやめ、それを他人に対して明らかにしていくという意味だ。

英語で、ゲイであることを他人に隠している状態を「クローゼット(押し入れ)の中に隠れている」と表現するのだが、そのクローゼットから「出てくる」という意味でカミングアウトという言い方が生まれた。

日本では、自分がゲイだと表明する意味合いだけに使われていることが多いが、アメリカのゲイリブは、このことばにもっと積極的な意味を持たせ、ゲイが自分を受け入れていく大きなプロセスの連なりとしてとらえている。ゲイリブは、最終的にゲイ全体がクローゼットに隠れている必要がなくなる状態を目標にしており、個々のカミングアウトはその最終目的への重要な過程だと位置付けられている。

この考え方では、他人に表明する行動そのものより、自己を受け入れていくプロセスの方を重視しているのだ。だから、ゲイ個人が自分がゲイだということに気づいてから、それを受け入れるまでにはある程度時間がかかるが(人によっては何年もかかることさえある)、その間、その人の中で進んでいるプロセスもカミングアウトだと考えられている。同様に、ゲイがほかの人に自分がゲイだと表明してから、その人が自分を受け入れてくれたとリラックスできるようになるまでのプロセスもカミングアウトと考えられている。

こういったかたちで、個々のカミングアウトはそれぞれがプロセスであり、また、自分が受け入れ、他者が受け入れ、社会が受け入れるという手順で進行していくプロセスもまたカミングアウトというわけだ。

個人の内部で進行するカミングアウトを注意深く見ていくと、そこにはカミングアウトに含まれるすべての要素が揃っている。

ゲイであると気づいたばかりの頃は、個人の内部で、ゲイである私とそれを否定する私とが分裂して、敵対している。その「二人の私」の間で充分なコミュニケーションがとられることで、やっと相手に対する恐怖感が取り除かれ、敵対関係が解消し、共生の感覚が作り上げられていく。このプロセスでは、両者のコミュニケーションを阻むものを一つずつ取り除いていく努力も欠かせない。結局、カミングアウトとは個人内部での自己受容のプロセスを、対他者、対社会に敷延したものなのだ。

だから、他者へのカミングアウトがうまくいくかどうかは、どれだけ個人内部でのカミングアウトが充分に進んでいるかにかかっているし、他者へのカミングアウトで得られた自信が、個人内部のカミングアウトにもよい影響を与えられるのだ。

カミングアウトに際しては、こういったコミュニケーションを中心とした相互理解のプロセスを考慮せずに、表明するだけのことと捉えていると、うまくいかない。

カミングアウトとは、けっこう奥の深いことばなのだ。

タックスノットでも、ずいぶんいろいろな人からカミングアウト話を聞いてきた。うまくいったものもあれば、こじれてしまったものもある。

親しい友人へのカミングアウトはほとんどがうまくいっている。すでに作り上げられたよい関係を土台にカミングアウトが行なわれるケースがほとんどだし、相手の日頃の言動から返ってくる反応の予測もできているからだ。

こじれたケースは親へのカミングアウトに多い。カミングアウトする友人は選べても、親に関しては選択の余地がないのでリスクが大きくなるのだ。また、友人との間には精神的にある程度の距離があり、そこに客観的な冷静さが働くスペースがあるのだが、親との間ではその距離が近すぎて、感情的な葛藤に陥りやすい。

実際、親へのカミングアウトは難問中の難問だ。それゆえに最も重要なカミングアウトだとも言える。

僕自身の経験から言っても、親へのカミングアウトを成功させられれば、個人対個人レベルでのカミングアウトはもう完了したも同然なのだ。

日本の社会では、親は子供の人生への影響力が大きく、精神的に自立し合っている親子関係も少ないので、ここを突破できれば、ゲイであることから生まれる問題をかなりクリアできると言っても過言ではない。だからこそ、多くのゲイに対して親へのカミングアウトを勧めたい気持ちも強いのだが、失敗すると問題がこじれやすく、親を苦しめているといった罪悪感から、自分の内部のカミングアウトにも著しく悪影響を及ぼす危険性も高いので、どうしても慎重にならざるを得ない。

　タックスノットで、こんな話を聞いたことがある。


　三六歳のミツヨシ君は一〇年前に父親にカミングアウトした。

　その時のミツヨシ君の父親は非常に冷静で、「お前にはお前の人生がある。自分の責任において自分の人生を生きなさい。ただ、母さんは体が弱いから心配をかけたくないので黙っていて欲しい」と言われた。

　もっと大変な思いをするかと覚悟していたミツヨシ君は、その父親の理性的な反応に驚き、自分は理解ある父親を持ってなんと幸せなことだと思ったそうだ。

　実家が大阪のミツヨシ君は、その後、その問題は解決したものだと思って、東京で働きながらゲイライフを謳歌していた。

　一〇年経った今年、彼は父親から突然「お前もそろそろ結婚を考えないといけないよ」という手紙を受け取った。ミツヨシ君は我が目を疑った。あの時示してくれた理解はなんだったのか。

　彼は慌てて父親に長い手紙を書いた。前にも話した通り、自分はゲイで、こちらではちゃんと男性の恋人と真剣な付き合いをしている。そして大切なゲイの友人にも囲まれて、非常に充実した幸せな生活を送っているので、結婚する意思はまったくないという内容だ。

　運悪く、その手紙は大阪の実家の郵便受けから母親が受け取った。大事な息子からの久々の手紙に母親は喜んで父親に渡し、その場で二人で読み始めた。

母親は突然の、予測もしなかった息子からの衝撃の告白にうろたえ、泣きだし、寝込んでしまったそうだ。

数日後、そんなこととはつゆ知らぬミツヨシ君の手元には、父親からの分厚い手紙が届いた。その手紙には、今書いたようないきさつで母親が大変な思いをしている様子が綿々と綴られていた。そして最後には「お前はいかに幸福だとか充実しているとか、自分のことばかり書いているが、そのことで親がどれだけ苦しんでいるかを考えたことがあるのか」と結ばれていた。

ミツヨシ君は今ユーウツの極みにいる。ミツヨシ君には、カミングアウトの正念場がいよいよやってきたところだ。

この話を聞いて、じゃあ親が幸せなら子供は不幸でもいいのかと彼の父親の理不尽さに憤慨し、そんな親は放っておけばいいと言うゲイもいるだろう。また、親なんてしょせんそんなものなのだから、初めからカミングアウトなんてするべきではなかったのだと思うゲイもいるだろう。

どちらも正解なのかもしれないが、この場合、本来相互理解によって成り立つカミングアウトを目指した以上、そのどちらでもない第三の道を探らなくては意味がない。

ミツヨシ君のケースには、親へのカミングアウトをする際に注意すべき代表的な要点が二つほど含まれている。

一つは、その時にあまりにも完璧に受け入れてくれたのと、離れて暮らしていたので無理もないのだが、その後、この件に関するコミュニケーションがまったくなかったことだ。これでは本当に受け入れてくれたのか、その後どんな気持ちの揺れがあったのかもわからない。カミングアウト直後は、ある程度の時間的なゆとりを持ってもらうのは必要だが、話した以上、その後にゲイの友人を紹介するとか、恋人を紹介するとかの駄目押しをして、息子がゲイだという事実に慣れていってもらわなくてはならない。また、そういった駄目押しの際に、その話題を振ってコミュニケーションの機会を持つようにすべきなのだ。

もし親がその問題に関して一切話したがらないようなら、心の底では受け入れてはいないと考えた方が賢明だ。

二つ目は、ゲイだという事実を、本人でさえ何年もかかって受け入れるというのに、親が一回言われたからといって簡単に受け入れられるものではないということだ。

ミツヨシ君の父親のように、若い時期の一時の迷いとして考え、その問題をひとまず棚上げしておこうと反応する親はいくらでもいる。今でも、フロイトの「同性愛は精神的な未発達の状態」という理論は生き残っているのだ。

また、メディアを流れる情報からホモセクシュアルが存在すると知っていても、ゲイという概念を理解している親は少ない。多くの親にとって、たとえホモセクシュアルだとしても「健全なヘテロ生活」は送れるはずだし、そうすべきだという考え方の方が自然なのだ。

親がどう反応するかを知るために、親の価値観や論理構造を知っておくのも大切だ。

親にカミングアウトしようとするゲイは、慌てずに、まず「ゲイであること」の意味を自分自身

に問い直してみるべきだろう。そして、その意味を何年かけてでも理解させようとする覚悟が必要なのだ。

そこまでの覚悟が持てないなら、また、それほどのエネルギーを費やす気がないのなら、どんな結婚へのプレッシャーものらりくらりと逃げまくるしたたかさを持つ以外に、自分の人生を手に入れる方法はない。

カミングアウトは確かに重要だが、それ自体は目的ではない。結局一番大事なのは、自分が望ましいと思う人生を勝ち取ることだ。

そのために、どうしてもカミングアウトが必要だと判断した時には、躊躇せずに挑戦して欲しいし、そのための心の準備はしておいて欲しいと思う。

4　ゲイテイストって何かしら？

タックスノットにノンケがやってくる。

別に、胸に「ノンケです」とエンブレムを付けているワケではないが、何か匂いのようなものが違う。

少し話をしてみる。ゲイとはどこか発想や関心の対象が違う。向こうのジョークには笑えないし、こちらのユーモアにも反応がない。

思い切って聞いてみる。

「あなたってゲイなの？」

「いえ、女好きです」

「や、やっぱりねェ」

僕はやっと納得する。

この独特の違和感はなんなのだろう。

ああ、ノンケなんだとわかってしまえば安心できて、違和感を意識しなくなれるのだけれど、はっきりするまでは、一四枚の敷フトンの間に三粒のエンドウ豆が入ったベッドで寝かされた「本当のお姫様」のように、「一晩中、気になって一睡もできませんでしたワ」という気分になってしまう。

これは、僕の意識の中に「ノンケらしさ」と「ゲイらしさ」がはっきりと形作られているからなのだろう。そして、それらは僕にとってけっこう大切なものだったりする。

特に「ゲイらしさ」は、自分のアイデンティティにも関わっているので、「ゲイテイスト」と名前を付けて、かなりこだわり続けてきた問題でもあるのだ。

わざわざ「テイスト」と言い替えているのは、ゲイを人間として本質的に違っていると思っているのではなく、発想とか関心の対象とかに、ある趣味的な偏りがあると思っているからなのだ。

それは、料理で言ったらスパイスの働きに似ている。どんな料理にでもパクチを入れたらタイ料理になってしまうようなものだ（ホントか？）。

どうやら、僕は人に接する時に、あまり意識せずに「ゲイテイスト」という香りを聞いてしまう

クセがあるようだ。そしてタックスノットでは「その香り」がしないことに違和感を感じるらしい(一応うちはゲイバーだしぃ)。

じつは、ゲイなら誰でもこの香りがあるワケではない。ゲイテイストを感じられないゲイには、今までに何人も会ったことがある。タックスノットにそういうゲイがやってくると、つい「あなたってノンケ文化にドップリ浸かってきたのねぇ」とか言って、からかってみたくなる。

こういうゲイに会うと、僕の中の「ゲイリブ的な僕」は、それみたことかと嬉しがる。ゲイリブ的発想で言えば、「ゲイは一色ではない」「ステレオタイプをゲイに押し付けるのは正しくない」ということになる。

実際、長い間、大勢のゲイに接していると、「性的に男に引かれること」と「ゲイテイストを持っていること」は直接的には関係がないのだとわかってくる。

その意味で、ゲイリブの主張は実に正しい。

しかし、それを充分承知した上で、僕の中の「ゲイテイストにドップリ浸かった僕」はゲイテイストを持っているゲイに対して特別の親近感を抱いてしまう。

だから、二丁目に来たての、まるでノンケのようなゲイを見ると、自分が今までアピールしてきたことが証明されたようで嬉しくなるのだが、そのノンケみたいなゲイが二丁目に馴染むほどにゲイテイストを香らせ始めると、なお一層嬉しくなるという寸法だ。

二丁目は全体としてゲイテイストを体得するための大きな学校のような役目を果している。僕が二丁目を好きな理由は、そんな部分にもある。

と、ここまでゲイテイスト、ゲイテイストと書いてきたけど、一体それはどんなものなのだろうか。テイストみたいなものを、ことばで説明するのはかなりむずかしい。ことばによって分析されたとたん、香りは飛んでしまうような気もする。でも、そこをなんとかわかってもらえないと先に進めないので、一応トライしてみましょう。

まず、僕がゲイテイストだと思う要素を思い付くまま羅列してみる。

○細部に対する徹底的なこだわり
○内容そのものより形式や様式への強いこだわり
○人工的なもの、虚構性の強いものへの憧れ
○反権威主義的でありながら、権威そのものへの強い憧れ
○女子供のものとされるものへの偏愛
○そのこだわりや憧れが過剰であること
○シニカルなユーモア感覚
○パロディを好む
○遊び心を過大に評価する
○過剰なほどの強い自意識

ことばにしてしまうと、こんなに無味乾燥なものになってしまうが、こういった要素を大きな鍋に入れてグツグツ煮込んで、その液体から抽出したエッセンスみたいなものと言ったらいいだろうか！　原液はかなり臭い。それを適度に薄めていくと突然いい香りを放つようになるのだ。ま、中には、浴びるほどつけて回りを辟易とさせているゲイもいるだろうが……。

強いて一つ挙げれば、「過剰なこだわり」がキーワードになるだろう。

ゲイの特徴と言うと、女性的なものを連想する人もいるだろうが、それはあまりにも単純化しすぎた見方だ。男性的なものでも、女性的なものでも、ゲイテイストをまぶすことはできる。ゲイが女性的なものを求めればドラァグクイーンまで行ってしまうし、男性的なものを求めればウルトラマッチョで革ずくめのハードゲイまで行ってしまうのだ。この過剰さにゲイテイストがよく表れている。それは遊びだし、パロディだし、皮肉でもあり、一種の嘘なのだ。

ゲイのお洒落を見てみよう。

ゲイの好きな「男のイメージ」の最大公約数と言ったら「爽やかなスポーツマン」といったところだろうか。ゲイは自分もそのイメージに近づこうとする。

髪は爽やかなスポーツカット、襟足も涼しげだ。爽やかなシャツに、爽やかなパンツ、靴もソックスも下着さえも手を抜かない。すべてがバランスよく、爽やかなイメージになるように素材、色と細部へのこだわりが見える。

スポーツマンは日に焼けている。彼は日焼けサロンに行って肌をこんがり焼くだろう（だいたいやりすぎになるけど）。スポーツジムに行って、筋肉もつける。かくして、どこを切っても爽やかスポーツマンの金太郎飴が誕生する。

しかし結果は、爽やかスポーツマンを通り越して、そのパロディのような別の雰囲気が醸し出されてしまう。その誤差から感じられるものがゲイテイストなのだ。

対象にこだわり、意識しすぎることで、対象そのものを突き抜けてしまうこと。そこにゲイテイストの本質がある。それは本人も重々承知なのだが（それがわかってないと、ゲイテイストではなく、単なる勘違い）、これはどうしようもない性（さが）といったところだろうか。これでは、誰が見てもゲイだ。

周りのゲイも、その行きすぎを揶揄しながらも楽しんでいる。そして、結局は自分も同じことをやっている。この過剰さを楽しむ気分と冷めた視線の奇妙な同居。これもゲイテイストだ。この突き抜けてしまわざるを得ないところに、僕は一種のいとおしさを感じる。

僕はゲイの友だちの部屋を見せてもらうのが好きだ。そこには大なり小なりゲイテイストが香っている。

特別、男の裸の写真などが飾ってなくても、色のハーモニーや質感へのこだわり、様式へのこだわり、小物一つ一つの取り合せ方から、隠しようもない（自分の部屋だから隠す必要もないけど）ゲイテイストが溢れている。

こだわりと言っても、ノンケのオタクのこだわりとは決定的に違うのは、その様式性だ。ここでも内容より形式への偏愛ぶりが見られる。

以前、別冊宝島のゲイ特集の編集をした時に、お部屋拝見という企画を出し、特にインテリアに凝っている友人の部屋を取材で訪ねたことがあった。

そこは六畳の和室なのだが、全体は「完璧」にシノワズリー（西洋人にとっての中国趣味よ）でまとめられ（様式へのこだわりネ）、部屋の隅には大きな蓮の花の造花が一抱えもあるような壺に活けてあった。近づいてよく見ると、念のいったことに、きれいなグリーン色のヘビが蓮の茎に絡みつけてあった。本人は「やりすぎだよねぇ」としきりに照れていたが……。

凝るとなると、ここまで凝ってしまうテイスト。何もここまでと呆れてしまうほどの過剰なこだわり。僕は、ここにゲイテイスト極まれりと拍手をしてしまった。

しつこいようだが、すべてのゲイがこういったテイストを持っているワケではない。しかし、ゲイならではのテイストというものは確実にある。僕は、そのゲイテイストをこよなく愛している。

ゲイテイストと僕が考えているものが、おぼろげながらでも伝わっただろうか？　もし、このテイストをもっとよく知りたいと思うのなら、二丁目にでも足しげく通って、たくさんのゲイの友人を作ってみれば、その感覚はつかめると思う（なお、伏見憲明さんが『キャンピィ感覚』（マガジンハウス刊）で、このテイストをキャンプという観点から取り上げて、様々に論じているので是非一読をおすすめします）。

ゲイは性的指向を除けば、ノンケと基本的に変わらないはずなのに、なぜこんな特徴的なテイストを持っているのだろうか？

この原因に関しては、これからいろんな方面で、ゲイの文化に対する考察がなされる中で明らかにされていくのを期待して、ここではあまり深く踏み込まず、いくつかの理由を思い付くまま示唆しておくに留める。

○男は自己を主張すべきものとされる文化の中で、ゲイは自分がゲイだと気づいてからずっと自分らしさを表現することを抑圧せざるを得なかったこと（いつも表現し足りないという強迫観念を持つのも当然よネ）。

○社会がゲイを拒否してきたので、ゲイは安住の地をイマジネーションや虚構の世界に求めるしかなかったこと（映画や演劇が好きで夢見がちなゲイはいくらでもいる！）。

○常にノンケが主役の世界を自分のものにするには、内容ではなく、その形式を借りるしかなかったこと（基本的にはなんでもパロディになっちゃうのよ。そして、それにリアリティを持たせるためには細部にできるだけこだわるしかないでしょ！）。

○男らしさ、女らしさは本質的なものではなく、一つの様式でしかないことを知る立場に立っていたこと（様式こそ大事なんだワ！と思い知らされてるワケね。それに気づいているので、冷めた視線も同時に持っている）。

○性別や肌の色と違って、自己を表現しなければ存在さえ無視されるように、差別の対象としては目に見えないこと（だからこそ外見や、ビジュアルなものに特に関心が高くなりがち）。

○社会が押し付けてきた「ゲイは精神的に未発達だ」とか「ゲイは女性的だ」とかいうメッセージに対する反発を持っていること（かわいいもの、きれいなもの、子供っぽいものが好きで何が悪

いのよ！）。

○結果として生まれたゲイテイストが、また一つの様式として、ほかのゲイに対してサインの役目を果してきたこと（歩くカミングアウトみたいなお洒落してるゲイは多い）。

こういった、ゲイが長い間置かれてきた状況が、この独特のテイストを作り出してきたのだろう。ま、こじつけみたいなものも含まれているから、この辺のところは、これからの研究の課題としておきましょう。

ゲイテイストを語る上で忘れてはならないのは、「おネェことば」である。

これも、今語ってきたゲイテイストの文脈の中で捉えられなければ、大事なものを見落すことになる。ようするに、「おネェことば」は単に男が使う「女ことば」ではないのだ。

ゲイテイストの感じられない「おネェことば」ほど、僕にとって聞き苦しいものはない。それは、ことばとして死んでいるだけでなく腐臭がする。

たまにタックスノットにも間違ってノンケの男が入ってきてしまうことがあるが、そういうのに限って、ゲイバーだとわかると、急に「女ことば」を連発して一人でウケていたりする。

「あら、おネェことばを使うには、もう少しレッスンが必要ねぇ」とか、マイルドにたしなめたりするが、「センスもないのにおネェことば使うな、このタコ！」というメッセージが込められているのに気づくほど繊細なノンケはまずいない。

「おネェことば」はねぇ、ゲイの大切な文化遺産の一つなのよ！あんたらのバッティお手々でベタベタ玩ぶんじゃないの！（おばさん、久しぶりにノンケに対して怒ってるワ）

ゲイテイストは、ゲイが無理やり押し込められてきた閉塞状況の中で生まれた一つの文化だ。ということは、徐々にゲイが社会に受け入れられていく過程で、いずれは消えていく運命にあるとも言える。必要がないものは消えていくのも仕方がないのかもしれない。

しかしゲイテイストは、苦しい状況を逆手にとって楽しんだり、イマジネーションという人間の持つ大きな武器を最大限に活かしていく方法をいくつも持っている。

過酷な環境を乗り越えるために生み出されてきたものにしろ、せっかくここまで育ってきたのだから、ゲイのみならず、人間の生活を豊かにする文化として大事にしていきたいと思う。

レトロなおネェさんと言われようと、僕はそこには、これからもこだわっていきたい。

熱帯雨林の遺伝子情報ばかり残そうとするだけが能じゃないのよぅ！

二十八年後の蛇足コメンタリー6

ゲイリブといえば、その目指す地点は「同性婚の実現」でしょう。「同性同士で人生を協力しながら生きていきたいという気持ちは、異性同士で人生を協力しながら生きていきたいという気持ちに対してなんら引けを取ることはない」。これがゲイリブの基本的な考え方です。その考え方の突き詰めた先は、同性同士でも結婚ができることが必然の結論です。子供が持てないようなカップルでも男女ならいくらでも結婚できるのに、なぜ同性同士だとダメなのか。どうせ反動的な人たちは伝統的価値観が崩れるとか屁理屈こねて必死に防御に回ることでしょう。たまたま今日も岸田総理が同性婚の導入は「極めて慎重な検討を要する」要件だと答弁してました。まさに保守的な宗教団体が回した冊子の影響よね。G7の中で日本以外に同性婚が認められていないイタリアでさえ、結婚に準じた「シビル・ユニオン」が法制化されているのに、日本はいつまでこの問題を放置しておくんでしょうね。イタリアはバチカンのお膝元なのよ！　それでも人権と宗教の価値観とのすり合わせに知恵を絞っているというのにね。

僕個人が同性婚の実現を求める理由は「人権」の一点です。国民の中に結婚できる権利を持つ人と持てない人がいる、この状況を改善しなければ同性同士で結婚を求め

る人は二流市民として扱われ続けることになってしまいます。結婚は宗教の価値観を実現するための理想ではなく、人としての権利なのです！（やっぱり、この問題だと熱くなっちゃうｗ）

と、拳を振り上げておいてなんなんだけど、僕自身、結婚制度というのがそれほど素晴らしいものだとは思っていないのも事実なのよね。なぜ一対一でなければならないのか、とか、なぜ一緒に住んでいなくてはいけないのか、とか、なぜ苗字を同じにしなければいけないのか、とか、個人を義務で縛る形で結婚を設計しているところが、個人と個人が対等でなかった時代の価値観が色濃く染み付いている気がするわけ。一人で生きていけない人間を二種類作り上げて、結び付けようというのが昔の結婚観（伝統的価値観とも言う）。弱い立場の人を守るのは、ちゃんと他の法律で成立させておいて、対等な人間が家庭を築いていくという理念こそが大事なんだと思うの。これは、法律に守られない中で対等で親密な関係性を育もうと闘ってきたゲイとしてのプライドでもあるのです。

僕の持論ですが、結婚はかなり無理くりな制度なんです。多くの人がそこに異議申し立てをし始めている中で、愛の証しのようなファンタジーだけで結婚制度を賛美するかのように、その制度に入れてもらおうとする人がそれなりにいることは、落ち目の結婚制度にとっては最後の輝きを与えてもらえるチャンスだと思っているのではないかしらんと、皮肉な眼差しを送ってしまうんですよね〜。

第7章　二丁目の明日

1　レズビアンの顔が見えた

最近はレズビアンが元気だ。

リブ系のイベントでは、レズビアンの協力がないと企画が成り立たないくらい、彼女たちの力は大きくなっている。アメリカでは、エイズの深刻な影響をもろに被ったゲイ・コミュニティが一時の勢いから考えると少し元気がないのに比べて、レズビアンたちの自分たちなりの文化を創り出そうという意欲にはめざましいものがある。

日本のレズビアンも、そういった動きに呼応するように、エネルギーに溢れている感じだ。この五月にはレズビアン初めての商業誌『フリーネ』も創刊された。

ノンケ向けのポルノの中くらいでしか耳にすることがなかったレズビアンということばも、そのうち、生き方を含んだ概念として理解されるようになっていくだろう。

二丁目でも、数から言ったらまだまだゲイバーの比ではないが、レズビアンバーも増えてきている。

夜の街に繰り出して、酒を飲みながらワイワイ騒ごうというレズビアンの絶対数がまだ少ないので、経営が安定しにくいといった問題もあるようだが、客が増えれば店が増える、店が増えれば客がもっと集まるといった相乗効果が動き出すのも、そんなに先のことではないだろう。

そんな元気なレズビアンたちの動きの余波もあってか、タックスノットにもレズビアンの姿が見られるようになってきた。

その中でヨシへとガビは、僕たちカップルと一緒に旅行に行ったりと、プライベートでも付き合うようになったレズビアン・カップルだ。

彼女たちは二人とも二七歳で、付き合い出してから四年目を迎えたところ。いくつかの危機も乗り越えてきた。しかし、これから先ずっと付き合い続けていくには、結婚や親との関係、将来の展望、仕事との折り合いなどをどうするかといった問題をいくつもクリアしていかなくてはならない。その点ではゲイと抱える状況は共通している。だからこそ、応援もしたくなる。

ヨシへもガビも、見かけはごく普通のお嬢さんといった感じで、胸に晒しを巻いて三つ揃いを着た、世間が期待するようなレズビアン・イメージからはほど遠い。どちらかと言うと、ゲイの世界ではそれほど珍しくもなくなった、見かけは一般的な男のイメージなのに付き合ってみるとしっかりゲイで、女性的なところもいくらでも持っているタイプに対応するレズビアンという感じだ。

実際、彼女たちは付き合ってみると、しっかりレズビアンで、男性的なところも山ほど持っていた（オヤジっぽいと言った方が正確かな）。

ヨシへの方は、小さい頃は野球の選手になりたかったそうで、今は体育会系のミュージシャンだ

（彼女のコンサートに行って、そう思った。とにかくたくましいの！）。いつかハーレーに乗ってアメリカのダイクス・オン・バイクス（バイクに乗った男っぽいレズビアンのグループ）のパレードに参加するのが夢だという。

そんな野郎系の好みを持ちながらも、彼女の部屋はベッドカバーからカーテン、小物に至るまでスヌーピーで溢れているのだから、「男になりたい」というタイプとも違うようだ。だけど全体から言えば、僕よりはずっと男っぽい。

そういえば、知り合ってすぐの頃、食事をしようと待ち合わせたことがあったのだが、予約時間まで一時間以上もあったので何かをして時間を潰そうという話になったら、バッティングセンターに行こうと言い出し、僕の目をまん丸くさせたこともあった。

そんなわかりやすい（？）ヨシへに比べると、ガビはいつもフェミニンな服を着た、おっとりしっとり型のいいとこのお嬢様風キャリアガールなので、本人の口から女性への性的欲望を聞かなければ、彼女の中にレズビアンだと思わせるものを見つけるのはむずかしい（それに、予想に反して、ネコ的ファンタジーは持ってなかった）。五〇万も出してゲランのエステに通う彼女には、まさに一般的なノンケが望む「男のための女」のイメージが溢れている。

ある時、僕たちカップルは彼女たちと一緒にお茶をした。

僕がガビの品のよさを誉めていたら、ヨシへが異議を唱え出した。

「あら、タックさん、この子ったらほんとはスゴークだらしがないんだから！　この前なんて家に遊びに行ったら、二、三日前に使った食器が流しに水にも浸けないで置きっぱなしにしてあるもんだからガビガビにこびりついてんのよ！　それに人前じゃお嬢様でございって顔してるけど、この子家で何着てると思う？　ラクダの下着を着て、おまけに腹巻までしてるんだから！　一度その姿見せたいワ」

と、ガビがいかにオヤジっぽいかを示すエピソードを次々に披露していった。

僕たちが彼女の醸し出す雰囲気とのあまりのギャップに大笑いしていると、顔を赤くしながら黙って聞いていたガビが逆襲を始めた。

「ねぇねぇタックさん聞いて。この前、二人で朝食をしてた時、この人ったら新聞読みながら突然腰上げてブーってオナラしたかと思ったら、大きな声でヨーシ！　って言うのよ。あたしがオヤジなら、この人って一体何？」

「ちょっと、そんなことまでバラさなくてもいいでしょ！」

「あら、おあいこよ」

「クヤシーイッ！」

人は見かけだけではわからない。

じつは、この日から二人のあだ名がガビとヨシへになった。

ゲイとレズビアンは同性愛というカテゴリーに属しているという理由で、いつも一括りで語られる傾向がある。

リブ的な考え方の中には、ゲイについて何かを語る時にも常に両者を視野に入れて語らなくては

正しくないという雰囲気もある。

しかし、常に両者を一つのものとして語るには限界があるのも確かだ。ゲイとレズビアンは同じ問題を共有してもいるが、違った部分もたくさん持っているからだ。

それとは逆に、ゲイの中にはレズビアンに対してまったく関心を示さない人もいる。自分たちにとって一番関係のない存在として捉えているからだろう。

ゲイとレズビアンの関係を見ていくためには、お互いを同じものとして語る視点と、違うものとして語る視点の両方を合わせ持つ必要がある。そして、その二つの視点を自由に行き来できる柔軟性も大切だ。

そのためには、やはりお互いをよく知り合わなくてはならない。

実際、彼女たちと深く付き合うようになって、僕にとってのレズビアンというものの意味が変わっていった。

それまでは、同じマイノリティとして問題を共有する人たちという程度でしか捉えていなかった。言ってみれば、それはどこか抽象的な存在だったし、観念的な存在だったのだ。

それが、彼女たちとの大笑いしたり、ムカッ腹を立てたり、呆れたりしながらの付き合いの中で、抽象的な姿の中に具体的な顔が見えてきたのだ。

大好きな友人の一属性としてレズビアンを捉えられるようになったとたん、レズビアンは自分にとってずっと身近な問題になった。そして、前より関心が強くなった。

もちろん、レズビアンの顔が見えるようになったと言っても、別にすべてのレズビアンがラクダの下着着て腹巻巻いていると思うようになったということではない。（そんなワケねーだろ！）。レズビアンはその人の中でほんの一部分でしかないが、切り取れるようなかたちで存在しているのではなく、一人の生きている人間の中で全体に関わった有機的な働きをしている。その様子を具体的に実感できたということだ。

なんだ、自分と同じ人間なんだ。こんな当たり前の感覚も、人をレッテルで見ているうちは手に入れることができなかったのだ。

リブ系の運動やイベントにでも参加しなければ、ゲイがレズビアンと接する機会はほとんどない。近いようで、結構、お互いに遠い存在なのだ。

しかし、二丁目には数が少ないと言ってもレズビアンバーがあるので、レズビアンたちもたくさんこの街に集まってきている。ちょっとその気になれば、知り合うチャンスは作れるのだ。

お互いをレッテルで見合うのではなく、生きている人間同士として付き合ってみると、自分の心の中にどんな変化が起るかも体験できるはずだ。

二丁目でも、ゲイとレズビアンはもう少し仲よくしてみてもいいんじゃないかな。

2　手話でゲイってどう表すの？

ウチの店に来ている小川さんという客がシカゴに行った。

小川さんは結婚して二人の子供を持っているが、最近ゲイのアイデンティティに目覚めたこともあって、性的な冒険にはいたって熱心だ。

シカゴでもゲイの集まる映画館に出かけた。

そこはノンケ向けのポルノを上映している映画館なのだが、来ている客のほとんどがゲイだったそうだ。その暗闇の中では、手軽なセックスが簡単に手に入る。

座席に座っている人はほとんどいないというのに、通路に面した座席だけは全部人で埋まっている。そして、その座席横の通路には一人ずつ男が立っている。男たちはみんな座席の方を向いて立っているのだ。

座席に座っている男たちは、その立っている男の股間に向かって頭を動かしている。ようするに、スクリーンに向かって一列に人間フェラチオマシーンが並んでいる光景が繰り広げられていたのだ。通路側の男たちは一工程がおわると、ことばを交わすこともなくその場を離れる。そうすると、その空いた場所にまた別の男が立つ。それがいつまでも繰り返されていくのだ。

小川さんは、このエイズの時代に、こんなに無防備な行為が行なわれているのを目の当たりにして唖然としてしまったそうだ。いつでもコンドームを持ち歩く小川さんにしてみれば信じられない感覚だったのだ。

小川さんは複雑な思いでロビーに出た。

ふと気づくと、そこには車椅子に座った中年の男の人がいた。

「へぇ、こんなところに車椅子の人がいる」

小川さんはちょっと驚いた。ポルノ映画館と車椅子の取り合せに一瞬奇妙な感じを覚えたのだ。車椅子の男の人は場内へと消えた。小川さんは好奇心に駆られて後を追った。車椅子の男の人は通路側の座席の一番後ろに陣取った。通路側の座席が一つ増えたかたちだ。それと同時に、その横に男が立った。車椅子の人はゆっくりとフェラチオを始めた……。

小川さんは妙に感動してしまったという。

「障害がある人だっていやらしいことしたいんだよネ。それって当たり前なんだよネ。それに車椅子の人だからって差別しないで、すぐに隣に男が立ったのを見て、なんだか僕嬉しくなってしまった。でもみんなにコンドーム配って歩きたいとも思ったよ」

小川さんは日本に帰ってきたら、真っ先にこの話を僕にしようと思ったそうだ。

暗闇の中での男たちの光景を想像するだけで、おぞましさに身が震える人もいるだろう。しかし、男たちは時に、たまらなくおぞましいことをしたくなるものだ。みんな鮭になってしまう時があるのだ。これを倫理観だけで切って捨てようとしても、なんの解決にもならない。少なくとも、ここでは合意の上で、そのおぞましい行為は行なわれている。問題があるとしても行為そのものではなく、コンドームなどを使う安全なやり方をしていない点だけだ。

そして車椅子の男の人も、そのおぞましいことをしたくなって、ここにやってきた。健常といわれる男たちもハッテンしたくなるように、障害がある人だってハッテンしたくなる。彼らにも当然性欲はあるのだ。

ゲイが集まる場所では障害のある人に出会うことがほとんどないので、そんな当たり前のこともイメージされることさえない。

「障害者」と言うとすぐに「愛の手を」と続くが、愛という名の囲いの中に閉じ込められてセックスを奪われてしまうのでは、障害者もたまったもんじゃない。障害のないゲイがしていることを、障害のあるゲイがやってもなんの不思議はないのだ。

二丁目では、まだ車椅子の人を見かけたことはないが、デフ（聴覚障害者）のゲイを見るのはそれほど珍しくない。

特に最近では、デフのゲイはグループを作って、ミニコミ誌などを発行しながら情報を交換し合い、プライドを持って積極的に二丁目ライフを楽しもうとしている。また、ゲイ特有のことばを手話でどう表すかを考えたり、手話の講習会を開いたりしている（ちなみに、親指を立てた右手の拳を胸の真ん中に置くのがゲイという意味）。

これも二丁目の新しい動きの一つだ。

彼らの話では、二丁目には手話のできるマスターは何人もいるので、そういう店はデフの人たちにも理解があり、彼らの二丁目での拠点になっているそうだ。

タックスノットにもデフのゲイが何人かやってくる。そのうちのマー君と名高君は週に一度はやってくるから常連と言ってもいいだろう。

デフの中には自分の意思を伝える時にまったく声を使わない人もいるが、声を使う訓練をしている人も多いので、慣れてくれれば、その人の言いたいことは大体わかる。マー君も名高君も基本的に声を使ってくれるので、その点では苦労はない。問題はこちらの意思をどう伝えるかだ。

一番簡単な方法は紙に書くことだが、時間がかかりすぎてもどかしくなってしまう。そこで僕も手話を覚えるようにした。

幸い、マー君は聞こえる人にも手話を覚えて欲しいという気持ちが強いので、なかなかよい先生になってくれる。NHKでも手話講座をやっているので、それも毎週見るようにした。

そのうち、日常的なことならなんとか伝えられるようになってきた。僕の場合は、少しの手話とジェスチャーゲームと紙に書くのを混ぜこぜにしたひどい代物だけど、それでもなんとかなるものだ（コミュニケーションの基本は伝えたいという気持ちよネ）。

そうやってヨチヨチ歩きながらもいろいろと話を聞いていると、彼らのことが少しずつわかってくる。

多くのゲイにとって結婚は問題だが、障害のある人にとっては特に大きな悩みになっているようだ。障害のある子供を持つ親は、とにかく結婚させてやっと一人前に育て上げたと思う気持ちが特に強いようで、子供を結婚させたいという意欲は並外れている。また、子供の方も人一倍苦労して育ててくれた親を悲しませたくないという気持ちが強く働くので、結婚に踏み切ってしまう場合も多いようだ。

名高くんも今まさにその悩みの真っ只中にいる。

マー君の方はかなりリブっぽい発想を身に付けているので結婚は考えていないようで、目下の悩みは長く付き合えるパートナーとの出会いがないことだ。

リブと言えば、手話の世界でもリブ的な動きがあるようだ。

手話には、デフの人が普通に使う手話と日本語の文章をそのまま手話に移した文章対応型の手話があるのだが、最近の手話ブームであちこちにできている手話講習会で教えているのは圧倒的に文章対応型の手話が多い。講師を聞こえる人が務めているからだ。

結果として、文章対応型の手話を使う人の数が増えるに従って、本来デフの人が使っている手話が軽んじられる傾向さえ出てきているらしい。

デフの人たちは日本語を考えて、それを手話に移しているワケではなく、手話で考えているので、文章対応型の手話には回りくどい感じを受け、手話の持つ独特で生き生きとしたニュアンスが失われていくように思えるようだ(マー君も文章対応型の手話をする時は、まるで外国語を使っているような感じだと言っている)。

もともと自分たちの大切な文化だという気持ちも強いし、このあたりでしっかりとデフの手話をアピールしておかないと、いつのまにか翻訳調の文章対応型の手話がスタンダードになってしまうと危機感を募らせているのだ(ま、僕がゲイテイストにこだわるのと同じとも言えるのよネ)。

NHKの手話講座でも、ここのところ本来の手話を広めようという傾向を強めている。新しい岩田さんという女性講師はデフのプライドといったものを強くアピールしていて、とてもリブっぽいなぁと感じてしまう。

話が少し寄り道をしてしまったが、ここでもリブの系譜は生きているんだなと番組を見ながら、僕はニヤリとしてしまうのだ。

デフのゲイが二丁目で自分たちの欲しい状況を創り出したいなら、とにかく自分たちから積極的に進出していくしかない。どこへ行っても、常に気持ちよく迎えられるとは限らないかもしれないが、それはデフ、デフでないに関わらず、みんな同じ条件を背負っている。いつか、きっと居心地のよい場所がどこかに見つかるはずだ。

そのためには、自分のありようにプライドを持って、いろいろな意味で魅力的な人間になることが大事だ。

今では、手話を少しでも使える人はほんの一握りしかいないけど、もの凄くチャーミングなデフが一人二丁目に出現すれば、彼と話がしたいばっかりに手話を習い始めるゲイがいくらでも出てくるはずだ。軽すぎるかもしれないが、そこが二丁目のよいところでもある。たくさんのカッコいいデフが登場してきたら、二丁目ももっとおもしろくなるだろう。

ある日テレビのニュースを見ていたら、点字翻訳のボランティアの活動が伝えられていた。ボランティアは全員が真面目そうな主婦や学生だ。彼らは雑誌や本の中からおもしろそうなものや役立ちそうなものを選んで点字翻訳するのだという。

それを見た時、この善意と良識に溢れる人たちがゲイ雑誌の中からエッチな話を選び出すことはないだろうなと思った。

見えない人の中にもゲイはいくらでもいるだろうけれど、彼らが二丁目に出て来れるようになる日はいつか来るのだろうか。

そんなことをふと思ってしまった。

3　ノンケもゲイのお友だち

昼時に二丁目を歩いてみると、奇妙な感覚に陥る。

夜には何千人ものゲイを集め、独特のオーラを放っている街が、太陽の下ではなんの変哲もない、どこにでもあるような街角に姿を変えている。

いつもは熱を含んだ視線が飛びかう仲通りを、昼飯を食べおわったサラリーマンがゾロゾロ歩いていたり、「公子」たちがたむろする新宿公園では子供たちが遊んでいる。午前一一時頃から開店しているルミエールの店先が、せいぜい夜の雰囲気の名残を漂わせているが、それもなんだか気恥ずかしそうに見えるくらい「健全な」空気があたりを包んでいる。

この街はノンケの街でもあったんだネ。世界一のゲイタウンって言っても、昼間はこんなものだ。夕暮れが近づき、丸正の袋をぶら下げたミセ子たちが行きかう頃になると、あの輝きが帰ってくる。僕たちゲイは、魔法によって昼間はタカに姿を変えさせられたレディ・ホークさながら、夕闇と共にやっと人間の姿に戻れるというワケだ。

やっぱり夜は僕たちが主役になる。たとえ夜だけだとしても、日本中どこを探しても、ゲイが我がもの顔で歩けるストリートを持っているのはここだけだろう。その意味で貴重で大切な場所だ。

しかし、夜の二丁目にもノンケはたくさんいる。この街にはノンケの客相手のバーも何軒もあるし、ノンケの人がやっている食べ物屋やバーも数多くあるからだ。

ゲイのいる場所だけにしか関心がないとわからないが、この街の素敵なところはノンケとゲイが共存していることだ。

ゲイはゲイだけで生きていきたいと願っているのではなく、自分のありようを隠したり、卑下していきたくないだけだ。ここではゲイは自信に溢れ、ノンケと対等に付き合える。そして、ここで働いたり、遊びにやってくるノンケはゲイの存在を受け入れている。

ほかの場所ではなかなか実現しない、そういった当たり前の状況がここでは現実のものとなっている。そこが素敵なのだ。

二丁目に「クイーン」というノンケの御夫婦が経営している定食屋がある。

ここは昼もランチを出しているので、昼間このあたりで働く人たちのための場所でもあるが、上得意と言ったら、夜にやってくるゲイのお客だ。

午前三時を過ぎた頃から、二丁目での仕事をおえたマスターやママが、親しいお客さんを連れて食事にやってくる。

ここが一番混雑するのは午前五時頃で、その頃には名物律子ママ（ここのマスターの奥さん）も出勤してきて、てんてこ舞いの忙しさになる。

あっちのテーブルには女装バーで働くゲイの一軍がドレスのままでお握り定食を食べているかと思えば、こっちのテーブルではマスターとミセコが鯖の煮付けをつっつきながら今日の反省会をし

ている。みんな酒が入っているからあたりを気にせずおネェことばでの無礼講だ。顔見知りのマスター同士が店中に響く大声で挨拶してたり、ノンケバーの客が食事の後に居眠りしてしまったのを誰かが担ぎ出していたりと、なんでもありの状態で、初めて来た客なら圧倒されて、身を縮めてしまうほどの賑やかさだ。

律子ママは、チャチャを入れてくる常連をおネェことばであしらいながら、次々に入ってくる注文をテキパキこなしてラバーボールのように店内を飛び回っている。

僕はこんな光景を見ていると、あぁ二丁目だなとつくづく思う。

ここではノンケだのゲイだのという区別はない。みんな平等に、ここのお客なのだ。僕はそんな雰囲気が大好きだ。

ここのマスターはこんなふうに話してくれた。

「店は始めて二五年くらいかな。二丁目がホモの街だなんて知らないで始めたんだよね。当時は女装はいなかったしね。普通の格好してるんだけど、話し方がなんか変なのがいるなって思ってたくらいだった。

初めの店は靖国通り沿いだったので、食べ物屋は無理だろうって思って、喫茶店をやったんだよ。そのうち夜も食事を出し始めたら、売り上げが三倍になってね。当たったよね。

でも最初はなんとなく恐くてね、キッチンから一歩も出られなかったくらいだよ。だからママがフロアをやってた。ま、一～二年やったら慣れたけどね」

今はなんの違和感もなくゲイと接しているマスターでも、最初のうちはやっぱり恐いって思ってたようだからおもしろい。きっと襲われるとでも思ったんでしょうネ。

「最近じゃ、うっかりすると友だちの前でおネェことばが出ちゃうんだよ」と笑っていた。

二丁目で商売をするゲイにとって、仕事後の毎日の食事は健康管理の面から言っても非常に大事なものだが、このクイーン以外にも、その部分を支えてくれているノンケの食べ物屋はたくさんある。彼らにとっても、ゲイを相手にしなければ商売は成り立たないだろうし、この街ではゲイとノンケは持ちつ持たれつのよい関係を保っている。

タックスノットにも、それほど数は多くないがノンケはやってくる。

僕の学生時代の友人や仕事関係の人、客がカミングアウトして連れてきた会社の同僚、ゲイと仲のよい女の子たちなど年齢も職種も様々だ。たまには僕の親父もやってくる。

砂田さんはインテリア関係の雑誌社に勤める女の子で、親友の鹿内さんと一緒に遊びに来ることが多い。

彼女とは僕の個展会場で初めて会ったのだが、その時、僕がバーをやっていると話したのがきっかけでタックスノットに来るようになった。

今はゲイバーだと承知して来ているけど、初めて来た時はまったく気づかなかったようで、やたらカッコいい男の人が多い店だなと思ったそうだ。

親友の鹿内さんと、あそこはけっこう点数高いよネと話しながら、ボーイフレンド獲得への期待に胸膨らませていたようだから、来店三回目くらいで気づいた時にはさぞガッカリしたことだと思う。

気づいた後も来続けてくれているから、どこかうちの雰囲気が肌に合ったんでしょう。

「ホモの人とお友だちになりたいんですぅ」とか言われると、変な子とか思ってしまうけど、恋人が欲しいと真剣な思いを持っている砂田さんが通ってくれるのはなんだか嬉しい。タックスノットが好きだから、来てくれているってことだものネ。

ある日、彼女がやたらとおめかししてやってきた。じつは、ある男の人との初めてのデートをした帰りだとか。

「やったじゃない！　で、どうだったの？」と早速聞く。

「なんだか疲れちゃって……。このまま帰りたくなくて、ちょっと寄ったんです。ここへ来るとホッとするんですよネ」と妙に和んだ様子でコーヒーをすすっている。

「あなたねぇ、ゲイバー来てホッとしてるようじゃ恋人獲得は先が厳しいわよ。それじゃゲイの子がノンケの飲み会に疲れて、帰りにうちでコーヒー飲んでんのと同じじゃない」とか言ってからかうのだが、本人はニコニコしながら、いたってリラックスしている。

そんな様子を見ていると、頑張って早くいい男見つけんのよ！と、いつものお母さん気分になってしまう。

しばらく来てないけど、いい男捕まえたかな……。

こういうかわいいノンケ（女の子だけど）もいるかと思えば、一度誰かに連れてこられて以来、いつも違う女の子を閉店まぎわの遅い時間に連れてきては店内でイチャつくノンケもいる（ちょっと、ここはゲイバーなのよ！）。

確か結婚していたはずだから、不倫相手との逢瀬に利用しているのだろう。そんなことにゲイバー使うとは、かなりの知能犯だと呆れてしまう。ゲイバーなら安いし、目撃される心配はまずないものネ。おまけに「へぇーあなたっておもしろいとこ知ってるのネー」とか思われて、点数稼げるから言うことなしだ。

だけど、こういうのってルール違反だよネ！（これ読んだら反省しなさい！）

いずれゲイとノンケは、特別な先入観なしに、どこでもよい関係を作れる時代が来るだろう。二丁目では、それがいろいろなかたちで実現しているのだから、不可能なことではないはずだ。そんなおもしろい状況が早く来て欲しいと思う気持ちがある反面、そんな状況になったら二丁目の役割はおわりになってしまうのかなと淋しい気もする。

うーん、ジレンマだわ！

4　変わっていく二丁目

ラクちゃんとシマさんのカップルが相談にやってきた。

二人で二丁目にゲイバーを開きたいのだが意見を聞きたい、というのがその内容だった。

ラクちゃんは前にも登場しているが、もうすぐ三〇歳になる元サラリーマンで（思うところあって、半年前に会社を辞めた）、シマさんは四五歳の現役サラリーマン。

二人は付き合い始めて二年半になる。将来のことを二人でいろいろ話し合っての結論だと言う。そして、この機会を活かして一緒に暮らし始める計画だそうだ。

二人揃って、人生を一八〇度転回させようとしている。当然ながら、やっていけるのかという不安と、これで生きたいように生きていけるという期待が、心の中でマーブル模様を描いているようだ。二人ともいつもより、ちょっとハイの状態になっている感じだ。

付き合い出して二年半という時期は、パートナーシップ中心に考えたら、そろそろお互いを見つめ合っている状態から二人が同じ方向を見つめていく状態への移行にちょうどいいタイミングだ。店は、二人にとっての初めての子供の役割を果してくれるだろう。この移行をうまく乗り切れれば、二人の絆はますます強くなっていくはずだ。そのためにも、ある程度の経済的安定も欠かせない。

「大儲けしようとしているなら絶対勧めないけど、食べていくくらいの金なら堅実にやっていれば大丈夫だよ。二人とも友だちが多いし、充分やっていけるよ。応援するから頑張ってね!」

こんなふうに答えながら、僕は一三年前を思い出す。

これって、僕とカズが相談しに行った時、クロちゃんが言ってくれたセリフそのままだ。時代が巡って、気がついたら、僕はこんなセリフを言う場所に立っていた……。

彼らの具体的な計画を聞き、僕も自分なりの意見を言った。こういう場合、あまり深刻になりすぎても決断できない。ノリみたいなものも重要だ。

「ゲイバーとして成功するにはどうすべきかと考えるより、自分たちがリラックスして楽しい気分になるにはどうやったらいいのかを考えた方が結局はいい方向に行けるし、それが二人の店の個性になっていくんだと思うよ」
あぁ、これもクロちゃんが同じ様なこと言ってたっけ。ラクちゃんもシマさんも最終的にお互いの目の中にGOサインを確認し合うと、武者ぶるいをするような気分と共に帰っていった。

これで二丁目にまた新しい仲間が加わることになる。同時に、また二人「ゲイ」として生きていく決心をした人が増えた。心からうまくいって欲しいと思う。

二カ月後に二人は「アイランド」というバーを開店した。きっといつか二人の店の常連が、彼らに店を出したいのだけれどと相談する日が来るだろう。ひょっとしたらクロちゃんのセリフがまた繰り返されるかもしれない。そんな想像をすると、僕は一人でニマニマしてしまうのだった。

一〇年後、二〇年後の二丁目はどうなっているんだろう。

やはり毎週末、何千人ものゲイを集めて、ますます盛況を極めているのだろうか。それとも一時代の役目をおえて、別のものに変わってしまっているのだろうか。

先が見えにくい時代状況は二丁目も例外ではない。

将来を占う兆しは今すでに微妙な変化として現れているのかもしれないが、二丁目の中で暮らしていると変化というものを見落しやすい。毎日鏡を見てると一〇年前もこんな顔だったように思えてしまうようなものだ。

海外赴任をおえて何年かぶりに帰ってきた人などに指摘されて、改めて二丁目の変化を意識する

ことは多い。

言われてみれば、週末、仲通りにたむろする若い人がやたらと多くなった。それに、前より普通っぽい感じの子が増えて、怪物じみたおネェさんはレッドデータブックに載りそうな気配だ。鍛えた体の上にちょっと脂肪が乗った、意識的に無精ヒゲを生やした野郎系が目立つようになったと言う人もいる。

ほかにも、店のマスターやミセ子の個性で売る店より、店自体のコンセプトを前面に押し出す店が増える傾向にあるとか、ギラギラしているのが少なくなった、バカ飲みする連中が少なくなったと指摘する人もいる。

ただ、こういった目に見える変化は、世代交代していく中でいつの世でも見られる変化のような気もするのだが、ここのところずっと気になっている変化がある。

二丁目にある店舗の家賃がどんどん高くなってきているのだ。

ゲンと一緒に店舗を探していた時に感じ始めたのだが、今回ラクちゃんとシマさんの店探しの話を聞いて、その感を強くした。

これは二丁目のありように大きな影響を与えていくと思う。

二丁目に二丁目らしさを与えているシステムが客の回遊性によって成り立っていることは、この本の一番初めに書いた。

安い家賃→安い料金→多くの客が回遊できる→多様な店がたくさん存在できる→より多くの客が集まる→安い料金でもやっていける、というサイクルだ。

この出発点のところが変わってしまうと、このサイクル全体に影響が及ぶことは簡単に予測できる。一人一人の客にしてみれば、自分の気に入った四〜五軒の店があれば事足りるし、後は、その人にとって、消えていっても別に痛くもかゆくもない店にしかすぎない。料金が高くなった分は、行く回数を減らせば済むことだろう。

しかし、ある人にとって、さもない店の群れと見える部分が、全体としては豊かで多様な二丁目のありようを支えているのだ。

多様な店が数多くあるから、多様な人が集まる。それが回遊し、それと共に多様な情報も流れる。そんな中で思いがけない出会いも生まれるものだ。

客が流れなくなると、個性的だが、それほど客数の多くない店は経営が成り立たなくなる。水は淀んでくると腐りやすくなるのだ。

全体の客数が減れば競争が激しくなり、効率のいい経営しかできない。そんな状況になれば、最大公約数を狙った、似たような店ばかりになってしまうだろう。

ま、これが取り越し苦労であることを望むが、まったく可能性のない話ではない。隆盛を誇った赤線地帯があっけなく消えていったように、世界一のゲイの街と言ったって、時代の波が襲えばひとたまりもないだろう。

新都心に近いこんな便利な土地に、こんなユニークな街が残っていられるのは、考えてみれば奇跡みたいなものなのだ。バブルの時代にも一度、この街をビジネス街に変えていこうという動きがあった。バブルがはじけていなかったら、今頃はまったく違った街に生まれ変わっていただろう。

有難いことに、その試みは頓挫したが、次の時は成功するかもしれないのだ。

時代の変化に伴って、二丁目が装いを変えていくのを見るのは楽しみだが、客の回遊性によって支えられている二丁目らしさは、できるだけ長く続いて欲しいというのが僕の正直な気持ちだ。

今なら、この街はまだまだ可能性に満ちている。

この街が、新しい苗を育てられる、元気で肥沃な土壌を保っているうちに、もっといろいろな試みがなされてもいいのではないだろうか。

これほど多様な人を集めながら、ここはかたちの上では酒を中心とした夜の街の範疇に留まっている。もう少し昼の顔も持つようになったらいいのに、とはよく思う。

商才のあるゲイが新しいタイプのビジネスの可能性を探ってみればいいのに、と勝手な夢を見たりもする。

お祭り騒ぎが好きなゲイが多いのに、この街全体を巻き込んだお祭りもない。文化祭だって、スポーツ大会だって欲しい！

それに、この街には、まだゲイやレズビアンのためのコミュニティ・センターもない。コミュニティ・センターがあれば昼間の催し（例えば小規模なゲイ&レズビアンのための映画上映会とか、講演会など）ができるだろうし、この街に生活に関わったものを導入していく動きにも貢献できるだろう。ある情報やサービスを受けたい人と、それを提供できる人との出会いも容易になるだろう（当然そこには新しい「出会い」だって生まれる！）。

活性化が必要なのは、何も過疎の村だけではないのだ。こうやって考えれば、まだまだ足りないものはいくらでもある。

二丁目の潜在的なパワーが残っている間に、こうしたリスクを伴った試行錯誤を始めておかないと、「そのうちに」なんて言ってるうちに状況が急変して、やろうとした時には二丁目の機能が働かなくなっているかもしれない。

イワシが高級魚になる日が来る可能性だって充分あるんだからネ。

動き出すなら今よ！（団塊の世代は、どうしてもアジる傾向があるなぁ……）

ラクちゃんとシマさんが誰かにクロちゃんのセリフを繰り返す頃にも、二丁目が今以上に、ゲイにとって多様で、大切な役割を果している街であって欲しい。

それが、相変わらずオキラクな僕の夢だ。

5　あとがきみたいな最後の話

二年ほど前、『イマーゴ』という雑誌に、ある精神分析医の「二丁目病」と題された文章が載っていた。

この精神分析医はクライエントにたくさんのゲイを抱えているらしく、そのゲイのクライエントの臨床例から、二丁目のようなハッテン場では人間的な触れ合いがまったくなく、その場限りのセックスが繰り広げられているので、そこに出入りしている人は多かれ少なかれ性的な不毛感を

持っていて、精神的に病んだ状態に陥りやすいと書いていた。

そして、そのような人たちの特徴的な態度や行動様式に対して「二丁目病」という名前を付けていたのだ。

どうやら彼の頭の中では、新宿二丁目は相手を人間として扱わないようなセックス関係しか取り結べない人たちが勝手放題をしている場所で、人間的な触れ合いを求める無垢な心を持ったゲイがそこに出入りしているうちに、社会常識の欠けた、人を人とも思わない人間に作り変えられているという構図が描き出されているらしい。

ご丁寧にも彼は註の中で、「建設的で発展的な展開を臨床場面で見たことがないので、二丁目でも人間的な出会いのチャンスや、新たな社会経験の学習につながる可能性があるというような見解には同意できない」とまで言い切っているのだ。

僕は開いた口が塞がらなかった。じゃ、僕がこの三〇年近く二丁目で手に入れたり、見てきたものはなんだったのだろうか？

多分、彼は二丁目に入り込んで、様々なゲイと接触したことはないのだろう。自分が相談を受けているクライエントから聞かされた話だけで、二丁目をそういうものと決めつけているに違いない。人間の精神的な悩みを扱う医者が、こんな偏見に満ちた態度でクライエントに接しているのかと思うと、僕は暗澹たる気持ちになる。

彼はあたかもゲイのクライエント側に立っているようなポーズをとっているが、こんな発想の持ち主に精神分析を受けていたら、ゲイのクライエントの精神状態は悪化する一方だ。

実際に彼はそういう臨床例を示すクライエントを持っているのだから、確かに二丁目に出入りする人の中には、この街に適応できず、精神的に傷ついてしまう人もいるだろうが、その何百倍ものゲイがこの街で救われているという事実を、彼は完全に無視し、なおかつ知ろうともしていない。だからこそ彼は、やり方次第では、この街で自分の求めているものを手に入れられる可能性をゲイのクライエントに示唆することとさえできないのだ。

それに彼は、クライエントが二丁目に不適応を起こし、精神的に傷つくのは、本人がもともと抱えているホモフォビアが最も大きな原因になっていることにもまったく触れようともしない。ゲイがゲイであることを気持ちよく受け入れられない大きな原因は、社会が人々の心に忍び込ませるホモフォビアであることを理解しなければ、ゲイにまつわるどんな問題も解決するはずがないというのに……。

とにかく僕が一番情けないと思ったのは、この分析医自身が自分の中にあるホモフォビアにまったく気づいていないところだ。「同性愛者の今日の悲劇性」などと、彼が他人事として語っている状況が今日まで続いていることに、彼自身が荷担しているという認識がなさすぎるのだ。

彼自身が一度自分の精神分析をやってみることが必要だろう。本人がその問題を解決するまでは、ゲイの問題なんて取り扱わない方が世のためだ(彼の文章があまりにも一方的な決めつけで書かれているので、フェアではなかろうと、正確に引用する気にさえならない。ま、興味のある方は『イマーゴ』のバックナンバーでも取り寄せて読んでみてください。青土社『イマーゴ』一九九三年一一月号「二丁目病—ゲイ・セックスの落し穴」及川卓)。

僕は、この文章を読んだ時に、誰かがもっと違った視点で二丁目を語らなくてはいけないと思った。このままでは、僕の愛する二丁目があまりにもかわいそうだ。どうして誰も何か言わないの?とイライラしていたら、結局、その役は僕に回ってきた。おもしろい巡り合せだ。

二丁目についての本を書かないかという話が来た時、僕の頭の中にはこの文章のことが浮んだ。だからこそ、僕は、僕のよく知っている二丁目を書こうと心に決めた。

それは二丁目全体を扱うにはバランスを欠いたやり方かもしれないが、少なくとも一部の人間にとって(これって謙遜よ!)二丁目がどんな意味を持っているかを示すことが、今、僕にできる最善の方法だと思えたのだ。

この本は、あの文章に対する僕の答えでもある。その意味で、僕はあの分析医に感謝しなければならないのかもしれない。

僕がQPちゃんと一緒にオズオズと二丁目に初めてやってきてから、すでに三〇年近くの年月が流れた。

初めのうちは、自分の無意識に巣喰うホモフォビアのせいで、この街のすべてのありようは受け入れることができなかったが、長い時間をかけて少しずつ心の葛藤を乗り越えているうちに、僕は自分の人生に必要なものをほとんど、この街で手に入れることができた。

二丁目をバラ色の天国だとは言わない。しかし、ここ以外のどんな場所で、僕はパートナーや友人やコミュニティを手に入れられたというのだろう。

二丁目はゲイの全身を映す鏡のようなものだ。そこには人間の持つ明るい面も、暗い面も、余すところなく映し出している。

鏡に映る自分の嫌なところだけを見つめているのは健康的なことではない。また嫌な部分を映し出すからといって鏡を憎んでみても始まらない。

注意深く見ていけば、好きな部分だって見つけられるはずだ。そして、好きな部分が増えていけば、欠点だと思っていた部分だって違ったように見えてもくる。

結局、好きなところも、嫌いなところもすべて含めて、自分のありようを受け入れること。その上で、自分をどういうふうに変えていきたいかを考えていくことが大切だ。

鏡は、変わっていく自分さえ映し出してくれる。そして、自分もまた、二丁目ではほかの人にとっての鏡にもなりうるのだ。

二丁目を愛することは、自分自身を愛することでもある。少なくとも、僕にはそうだった。

今でもたくさんの人たちが二丁目にやってくる。そしてこれからも、もっとたくさんの人たちが二丁目にやってきて欲しいと思っている。

そんな人たちが、今よりももっと自分を好きになり、いろんな出会いを経験し、いつかは自分の欲しいものを手に入れてくれたらいいのにと思う。

もし、この本が少しでもその助けになれるとしたら、こんなに嬉しいことはない。

二十八年後の蛇足コメンタリー７

ごめんなさい！　この蛇足コメンタリー、チョー長いです。最後のコメンタリーだから許して〜。

今や時代は性的マイノリティをＬＧＢＴＱ＋と表現するようになってきています。最後の章で「レズビアンの顔が見えた」なんて言っている自分が子供っぽく思えるほど、あの頃の僕は世の中を見通せてなかったんですね。そして二十八年経ち、実は、僕はいま自分のことをノンバイナリーだと自認するようになりました。ノンバイナリーの説明は追々しますから、このままおつきあいください。気になる方は「ノンバイナリー　性自認」で今すぐググって！

僕は小学校に上がる頃から男の子に引かれていました。それははっきりと性的な意味合いを含んでいると認識していました。ただ同性愛とかゲイとかいう言葉などを知らない年齢でしたから、ある意味、素直に受け入れていました。その一方で、周りにはそのことを話してはいけないという知恵も持っていました。（ありがたや！）そのこ

とは表に出さないようにしてはいましたが、僕にはもう一つ問題がありました。それは僕がフェミニンな男の子だったことです。「おんなおとこ」とからかわれるようなこともよくありました。男の子に引かれているのは隠すことはできても、女っぽさは隠せません。小学校などではガキ大将っぽいのに目を付けられてイジメられそうな危険を感じていました。フェミニンな男の子はイジメの格好のターゲットですからね。たまたま勉強がよくできたのと、なぜかクラスで一番足が早かったので、なんとかその危険を回避できていました。

その後、中学受験を突破して、イジメられそうな環境から離れ、高校生になった時に僕は、天の助けか、アメリカのゲイリブの思想に触れることになり、その後の人生を大きく転換させることになったことは、この本にも書きました。

僕の精神の土台はゲイリブによって固められているのです。このゲイリブの考え方で様々な人生の難関をくぐり抜けてきたのです。その中で、実は置いてけぼりをくらっていたのが、僕のフェミニンな部分でした。ゲイリブの考え方では、強くてたくましい者だけが男なのではない。男にもいろいろなタイプがいると教えてもくれたので、自分のフェミニンな部分は、男の多様性の現れなんだと自分なりに納得してきたのです。極端に言えば、男にできないのは授乳と妊娠だけだ！みたいな。それ以外はなんでもできる！それが男だ！女っぽくて何が悪い！と。

だけど新宿二丁目に出てみるとフェミニンな男の受けは良くないのです。この界隈ではみんな「男」が好きなので、フェミニンな男はランクがずっと下。まあ、ある意味では当たり前と言ったら当たり前なんですけど……。フェミニンな男はこの街でどうやって生き残ったら良いのか。とても大きな問題なのです。このあたりの事情は第一章の最後「おにいさんはおネェさん」に書きました。フェミニンな男たちは女王様のように振る舞うことで「男」たちを蹴散らして憂さを晴らします。そして憂さを晴らしたはいいけど、モテの世界では悔し涙を流すというのがお決まりコース。結局は、男の子らしさを身に纏うことのできる子には敵わないのです。

そして二十八年経ち、世の中は出会い系アプリが真っ盛り。そこを覗いてみても、フェミニンな男が不人気なのは変わらないようです。でもいくら性的な目的で利用するのだとしても、ここまで女性的な人を毛嫌いするのか理解に苦しむほどの「罵詈雑言」が溢れています。望む相手の条件のところに「女っぽいヤツお断り」「女装ありえない」「オネエ苦手」「オネエはNG」「ガリ・デブ、オネエ、ワキガ、タバコは苦手」「オネエの人は無理です」「ナヨナヨ、オネエさん、すみません」と、こんな類のものがいくらでも見つかります。こんなのは枚挙にいとまはありません。問題なのは、フェミニンな男はここまでこき下ろしても構わないという意識です。これってゲイも

ミソジニーから自由ではないってことの現れなのです。
こんな時代を生きるゲイはフェミニンな部分を持っていても、ジムに通って筋肉付けて、ファッションに気を使って、外見は男っぽく見せて、このアゲインストな波を乗り切るか、オネエとして開き直って、女王様然とした攻撃性を武器に戦っていくしかないんでしょうね。

十五年ほど前にアメリカで、あるトランス女性と会ったことがありました。彼女の名前はもう忘れてしまったのですが、身長が二メートル近い大きな身体の方でした。髪をストレートに長く伸ばして、シンプルな花柄のワンピースを着ていたように記憶しています。大袈裟に女性に見せようとはしておらず、メークもしていなかったようでした。友人に紹介された時には、失礼ながら戸惑ってしまいました。今まで女装している人はドラァグクイーンくらいしか見たことがなかったので、その女性性の表現の違いに驚いてしまったのです。身体の大きなドラァグクイーンなら、その身体の大きさを活かして威圧的なものを押し出すのが普通ですから。でも話をしてみると、彼女はなんとも物腰の柔らかい人で、全く圧迫感がありません。いつの間にかこちらもゆったりした気持ちになってきて、穏やかな時間を過ごせたのでした。その時感じた不思議な感覚は僕の心にいつまでも残っています。彼女には攻撃的な雰囲気が全くといっていいほどなく、それは僕にはとても居心地の良いものでした。思うに、自身の

女性的な雰囲気を隠すでもなく、大袈裟な女性っぽさを鎧のように纏うでもなく、そのまま柔らかく表現している人に会ったのは、それが初めてだったと思います。

昨今、トランスジェンダーの人々が、様々な分野で発言をしています。そういうものに触れるたびに、僕の中でいろいろな思いが湧き上がってきます。僕はなぜ自分を男性だと思っているんだろうか、とか、なぜ女性だとは思っていないのだろうか、とか、今まで当たり前だと思っていたことに疑問が湧いてきます。考えれば考えるほど、それは確信を持っていたわけではなく、なんとなくそう思っていただけに過ぎないような気がしてきました。

トランスジェンダーの友人も増えてきました。その人たちの話を聞かせてもらいながら、自分のことも考える機会も増えてきました。その中で一つはっきり見えてきたのは、どうやら僕はトランスしたいとは思っていないということでした。僕は男性であることに違和感は持っていない。でも僕の中の女性的な部分に関して、何かやり残したことがある。この辺りが、僕の実感なのです。

「トランス女性は女性だ」という言葉があります。それは、性自認は自認こそが重要で、性器の状態や外見の状態には依拠しない、という意味です。僕はこの意見に与していますが、ネット上ではホットなイシューとして論争が繰り広げられている真っ最中でもあります。

僕は自分のオチンチンが大好きなので、自分が男だと自認していることに安住してこられたのですが、性自認が性器の状態にも依拠しないと知った瞬間に、最後の砦の壁が崩れ出したような気がしました。

四年ほど前に、歌手のサム・スミスがノンバイナリーだと公言しました。ノンバイナリーとは、デジタルの世界ではお馴染みの「0」か「1」かのような二者択一のバイナリーなシステムではないことを表し、性自認の世界で言えば「男でも女でもない」もしくは「男でも女でもある」という意味を表します。僕はデビューの頃からサム・スミスが好きで、彼の歌う世界観に引かれていました。その彼がノンバイナリーだと公言したのです。僕にも衝撃がありました。そして彼がノンバイナリーだと言えるのなら、僕もノンバイナリーだと言ってもいいのかも……という考えが頭の中に生まれました。

それからはノンバイナリーについて書かれたものを読んだり、ユーチューブで発信している人たちの話を聞くようにしてみました。最初のうちは「なんだか都合の良い話だなぁ」とか思っていたのですが、時間が経つうちに、頭の中の霧が晴れていくような感じがしてきたのです。

自分の中のフェミニンな部分を置き去りにしてきたことへの後悔、自分がよく言う「だから男って嫌なのよ」という口癖の意味、何かというとマウントを取ろうとする

人への嫌悪感、でも女性になりたいという気持ちのないこと、等々、なんとなく棚上げにしてきた問題の答えが見えてきた気がしたのです。それは僕はすでに自分の一部が女性だと認識していたのではないか、ということでした。

自分はノンバイナリーなのかもしれない。そう考えるようになると、だんだん気持ちが楽になる感覚が生まれてきました。僕は女性的であることにネガティブな思いがありました。男性「なのに」女性的であるからです。でも、もし僕が女性でもあるとしたら、女性が女性的であることを思い悩むなんておかしな話です。もし僕が男性でありながら、女性でもあったと想定したら、僕が今までなんとなく居心地の悪さを感じてきたことは、すっきりするのです。僕は僕のままでありながら、物の見方を変えるだけで、ネガティブな思いを消せる。これって何て「都合の良い」物の見方でしょう！

でも、考えがここにまでたどり着いたら、この「都合の良さ」こそ、今の時代が実に求めている物ではないのか、という思いさえ浮かんできました。

いろいろな枠組みが、時代の変化の中で硬直し機能しなくなってきている。その不都合感を「都合の良い」考え方が中和しようとしているのだと思えたのです。そう、それは「都合が良い」のではなく「具合が良い」ことなのだと。

ここに至って、以前アメリカで会ったトランス女性の醸し出していた自然な女性性に、僕が特別の居心地の良さを感じた理由が分かった気がします。あれは僕の深いところに押し込めていた女性性からのメッセージだったのだと。

今のサム・スミスを見ていると弾けまくっていて、見ている側としては、そんなに自己肯定して良いものなの？という気持ちにもなりますが（笑）、ノンバイナリーという言葉を得たことで「自分は自分なのだ」と肯定できる力を手に入れられたのだとしたら、なんと素晴らしいことでしょう。ノンバイナリーは、ジェンダーだけの問題ではなく、様々なジャンルに応用できる「具合の良さ」をもたらしてくれる言葉なのかもしれません。それは、「右か左か」の硬直した考え方で行き詰まっている人生を捉えなおせる可能性を秘めているように思います。

男が男を性的に好むことを肯定してくれたゲイリブ。そのゲイリブと出会ったことで、人生を切り開いてこられた僕。その僕が七十歳を過ぎたら「男でも女でもある」という自認を促してくれる言葉に出会ったのです。この言葉は、残りはそんなに長くはないかもしれない僕の人生に、どんな変化を起こしてくれるのか、または起こさないのか、楽しみでもあり、ちょっぴり怖くもあります。

ほんとうのあとがき

表紙に使った作品は、僕が以前ゲイのパートナーシップを祝福する大きな立体エンブレムを作った時のキャラクターです。

チュチュを着てチョウチョの羽を生やしているのには「愛の妖精」（フェアリーはゲイという意味もある）、ハードゲイ風にハーネスを付けて翼を持っているのには「欲望の天使」と名付けました。

ロマンティックな女の子のような妖精は幸せになるのをいつも夢見ています。また、天使の方はいつも男を求めて欲情していて辺りをクルージングしています。この妖精と天使が何かの拍子に力を合わせた時に恋愛が生まれ、この天使と妖精の協力関係がビジョンに導かれた時に素晴らしいパートナーシップが生まれるというイメージでエンブレムを作りました。

二丁目の本の表紙には何がいいかなと考えた時に、そうだ、この天使と妖精を使おうと思い付きました。僕には、二丁目が無数の愛の妖精と欲望の天使が飛び回っている場所に思えたのです。この街にやって来る人は誰もが幸せになりたいと思っているし、男を求めてもいるのだから……。

僕のイメージの中では、みんなこの街を舞台にビジョンクエストの最終ステージを目指しているのです。

大好きな二丁目について書いてはみたものの、この街のダイナミックな多様性を表すのは僕一人の力ではとうてい無理でした。好きなあまりに贔屓の引き倒しみたいなこともやってしまったかなという思いもあります。それにずいぶん理屈っぽいこともたくさん書いてしまい、読んでくださった方をウンザリさせたのではないかと反省もしています。どうか率直なご意見やご感想を聞かせてください。

これを読んで、こんなの二丁目じゃないわ！と腹を立て、それじゃいっちょ私が書いてやるかと誰かが思ってくれたら、これほど嬉しいことはないです。

僕としては、もっといろいろな人がその人なりの観点からこの街を語ってくれることを願っているのです。

二丁目に限らず、今までにゲイが歩んできた歴史をゲイ自身のことばでちゃんと残しておくことが必要です。僕たちゲイは今の時点ではそういったものをほとんど持っていないのです。このままでは、知りたいと思った時には語れる人が誰もいなくなってしまうかもしれません。このことに関してはゲイメディアは真剣に考えなくてはいけない時期だという気がします（自分の力量不足をいつのまにかゲイメディア批判にすりかえたな）。

最後に、この本が生まれるためにいろいろと力をつくしてくださった佐藤享さんに心から感謝します。そして今まで二丁目で知り合った人々と、この本を読んでくださった方々すべてにありがとうを贈ります。

ゲンちゃん、やっと終わったわ！　この本は君に捧げるね。

大塚隆史

復刊に寄せて

スマホを持たずに家を出て十五分歩いてから気付いても、絶対取りに帰るほど、スマホどっぷりの生活になっているのが今の生活。この『二丁目からウロコ』の復刊のお話をいただいて、久しぶりに読み返してみて、驚くのがポケベルなんて言葉が出てくることでした。スマホなしで、どうやって暮らしていたんだろう！なんて。二十八年も昔の話なんだから当たり前なんですけどね。パソコン通信、Q2ダイアルなどなど、今の若い人には脚注でも付けないと、いちいち引っかかって先に読み進んでもらえないのではないかしらん。そんな気もしたけど、そういう時代を表す道具たちを除けば、そこに繰り広げられている人間模様は特別古臭くも感じられず、今でも充分に面白く読めるじゃない！と自画自賛気分になりました。

実際は、この復刊本を手にとって読んでいただいた方々の評価こそが何より大事なので、そのあたりは厳しい感想もいただく覚悟でおとなしく待機しておりますので、どうぞ忌憚のないところをお聞かせくださいね。

復刊にあたり、二十八年前の文章に今現在の気持ちを伝えるべく、新しい文章を各章の後につけました。「二十八年後の蛇足コメンタリー」という名前のコラムとなっています。文字通りの蛇足感満載の文章であります。実は僕、蛇足という言葉が大好きなのです。言葉が好きというより、完成した蛇の絵に時間があったからつい足を描いちゃったという心の働きというか、程よいところで留めておけない人間の性を愛してやまないのです。僕が描く絵にも何度か「ダソクちゃん」というキャラが出てきます。コラムのワンポイントとしても登場させるつもりですので見てみてくださいませ。

現在はタックスノットにも週に一回しか出ておらず、二丁目に飲みに出ることもしていないので、僕の生活からは二丁目の存在感は薄れていると言ってもいいでしょう。この本を出版した時は、二丁目は僕の人生の大きな部分を占めていました。ですから、正直言って、今は二丁目のことは摑みきれてないと思います。それでもお客さんから入ってくる二丁目の様子などから細々と情報更新はしていますけどね。

新宿二丁目は僕に人生の重要なもののほとんどを与えてくれました。その感謝を込めて書いたのがこの本です。読み返すとホントに愛に溢れた思いで書いていると実感します。だけど人間は変化していきます。今の僕は自分をノンバイナリーだと考えているのです。そんな僕にはゲイの街である二丁目は、少し距離を置いて眺める故郷のような気がします。育んでくれたことに感謝しながら、ここはどうなっていくんだろうなぁとニュートラルな気持ちで見つめています。

勝手な希望を言えば、この街が、もっともっと多様な人々を集め、世の中に疎外感を感じているような人々にとって、一時期のゲイの人たちにとって解放区だったような役割——励ましたり、癒したり、結び付けたり――を果たしてくれたらいいのにと願っています。
二丁目は不滅であってくれ〜！

二〇二三年　秋

大塚隆史

大塚隆史（おおつか・たかし）

その昔、一世を風靡したラジオ番組「スネークマンショー」に参加し、ゲイのポジティブな生き方を発信。これに影響を受けたゲイは数知れず。1982年、バー「タックスノット」を新宿に開店。現在に至るまで多くのゲイやレズビアンの相談相手として幅広い支持を得ている。この店の人的交流をベースに生まれた別冊宝島のゲイ三部作『ゲイの贈り物』『ゲイのおもちゃ箱』『ゲイの学園天国』（すべて宝島社）を責任編集。著書に『二丁目からウロコ』（翔泳社）、『二人で生きる技術』（ポット出版）、訳書に『危険は承知／デレク・ジャーマンの遺言』（アップリンク・河出書房新社刊）がある。また長年にわたり造形作家として数多くの作品を生み出し、独特の世界観を披露し続けている。

論創ノンフィクション 045

二丁目からウロコ ［増補改訂版］

新宿ゲイ街スクラップブック

2023年12月1日　初版第1刷発行

著　者　大塚隆史

発行者　森下紀夫

発行所　論創社

東京都千代田区神田神保町 2-23　北井ビル

電話　03（3264）5254　振替口座　00160-1-155266

カバーデザイン　奥定泰之

組版・本文デザイン　アジュール

校正　内田ふみ子

印刷・製本　精文堂印刷株式会社

編　集　谷川 茂

ISBN 978-4-8460-2269-3 C0036

© OTUKA Takashi, Printed in Japan

落丁・乱丁本はお取り替えいたします